# hugo
# ADVANCED
# SPANISH

Graham J. Bartlett & Angel M. Garrido

A DORLING KINDERSLEY BOOK

LONDON, NEW YORK, MUNICH,
MELBOURNE, AND DELHI

This edition published in Great Britain
in 2004 by Dorling Kindersley Limited,
80 Strand, London WC2R 0RL

First published in Great Britain by Hugo's Language Books
Limited, 1996

A CIP catalogue record is available from the British Library.
ISBN 1–4053–0483–9

Hugo Advanced Spanish is also available in
a pack with three CDs, 1–4053–0486–3

Hugo Advanced Spanish is also available with Hugo Spanish in
Three Months as Hugo Complete Spanish in
a pack with six CDs, ISBN 1–4053–0489–8

Written by
**Graham J. Bartlett**, M.A. (Cantab)
Head of Spanish at Westminster School, London
and
**Angel M. Garrido**, M.Sc. (Indiana), M.A. (Lancaster)
Language Consultant and Spanish Tutor at
The Earnley Concourse, Chichester

Edited by
Cecilia Garrido, B.A., M.A. Linguistics
Sub-dean, Faculty of Education and Language Studies
The Open University

This edition was updated by Grant Laing Partnership. The
authors are not responsible for any errors that may have been
introduced in the current edition of the book or recordings.

Printed and bound in China by Leo Paper Product Limited

see our complete catalogue at
**www.dk.com**

# Contents

# Preface

You will probably have completed a self-study beginners' course such as *Hugo Spanish in Three Months,* or perhaps you simply wish to brush up your knowledge of Spanish prior to visiting one of the Spanish speaking countries. Whatever your reasons for wanting to take your Spanish further, you will find this course helpful in improving the skills of reading and writing Spanish, and, if you obtain the three audio CDs which accompany the course, your listening skills too.

## THE AIMS OF THIS COURSE

The *Advanced Spanish* course has been designed for those who already have a basic knowledge of Spanish grammar and a small core vocabulary and now wish to continue their studies with a view to becoming more proficient, more fluent and more confident in both spoken and written Spanish.

Since no language can be learned in a cultural vacuum, without regard to the history and cultural realities of the people who speak it, the course focuses on regional aspects of both Spain and Latin America.

The aim of this course is therefore twofold: to develop and extend the learner's competence in Spanish, and to focus on five regions of Spain and on five different areas of Latin America.

## METHOD

Each of the ten lessons consists of:

### A '¿Sabía Ud. que ...?' panel

This provides brief fascinating facts about aspects of the country or region being studied.

### Reading passages and features

These look in greater depth at some aspects of the geography, history or culture of the country or region under focus, and are complemented by relevant vocabulary lists and exercises.

### Grammar and language points

This part of each lesson, arranged in numbered sections, gives clear, concise explanations in English of grammatical, morphological or semantic aspects of Spanish. This is followed by further exercises.

### Listening practice

Coming at the end of each lesson, this also has questions to test whether you have understood the passage. Help is provided in the form of a further vocabulary list. Ideally you should listen to this excerpt on the CD. If you do not have the CDs, you can still familiarise yourself with the language through reading the printed scripts.

## CDS

You are strongly recommended to obtain the three audio CDs which accompany the course. Not only do they contain the listening practices, but also selected reading passages and features, and oral exercises to test your comprehension and develop your speaking skills. All the elements on the recordings will help to accustom your ear to Spanish as pronounced by native speakers.

## LATIN-AMERICAN AND CASTILIAN SPANISH

With the exception of Brazil and the three Guianas, Spanish is the main language spoken in the vast area which stretches from the Southern states of the USA to the cold regions of Cape Horn and Tierra del Fuego, from North of the Tropic of Cancer to the Antarctic. Its number of speakers outnumber European Spanish speakers by almost ten to one.

No single language spoken over such an enormous area could have hoped to survive as a uniform whole, without developing its own local usage and regional differences even within the same country.

It is often forgotten how many variations of language exist within Spain itself, and at the time of the colonisation such differences were far greater, because the language was only just beginning to change as a result of the recent political unification of the country. Only in the seventeenth century did Castilian become the most important form of Spanish.

Certain variations in Latin American speech may owe their existence to the practice of people migrating to areas of the New World, which would allow them to carry on their trades – fishermen to coastal regions, for example, thereby encouraging similar patterns of speech in a particular region. The influence of pre-Columbian Indian vocabulary to describe the new fauna and flora, and the language of the slaves who arrived in the eighteenth century are just two other influences which were brought to bear on the fast-developing language of the immigrant communities. The difficulties of communication before the twentieth century and reduced contact with Spain since the beginning of the nineteenth obviously encouraged the development of regional dialects.

Yet despite all these factors, and against all the odds, mutual intelligibility between Spaniards and their American cousins is guaranteed. Formal speech, the language of the business meeting, the media, and literature, varies little throughout the Spanish speaking world. The major differences occur in the spoken, everyday use of the language – in accent, vocabulary, and colloquial expression, as one would expect. Sometimes the meaning of a word can change from one country to another and the same object may have different names, but the grammar has held together so well that a Hispanic-American has no difficulty communicating with someone from 'La madre Patria'.

As we journey through the Spanish-speaking world, we shall notice the differences between the Old World and the New, but the texts are written in standard Spanish which would be totally comprehensible in any Spanish-speaking country. When such differences do occur, they are explained and celebrated rather than cringed at.

American Spanish is rich and varied, softer and more cadenced than its European counterpart. The differences between the two and those between the Spanish of one American country and another make a fascinating subject for study.

## THE ESSENTIAL DIFFERENCES

Perhaps the most important differences are in pronunciation and vocabulary, with less significant dissimilarities in grammatical forms, pronouns and tenses. It would be helpful at the outset to explain the main differences in accent which will be heard on the CDs. The other differences will be explained as we meet them in the various texts which focus on specific countries.

### Pronunciation
### 1 Seseo
The pronunciation of **ce**, **ci**, **za**, **zo** and **zu** as **se**, **si**, **sa**, **so** and **su**, is called **seseo** and distinguishes the accent of Southern Spain from the **ceceo** or lisp of Castilian, which would pronounce them as in <u>the</u>ft, <u>the</u>me, <u>tha</u>tch, <u>thaw</u>, and <u>thw</u>art. Since the earliest and most numerous of the emigrants to the Americas were Andalusians, they naturally took with them the **seseo**, which soon became the dominant form of pronunciation in American Spanish. In the sixteenth century, travellers bound for the Indies had to pass through Seville where they had to wait for a boat to take them – their departure often delayed for months. The voyage itself lasted over a month, in all of which time the emigrant families were subjected to the prevailing **seseo** accent of the **sevillanos**.

When the Castilian lisp became more prevalent in Spain in the seventeenth century, it became fashionable among the Creole upper classes in Spanish America to use the **ceceo**, but this trend was reversed irrevocably in the years following independence from Spain in the 1820s as a self-assertive gesture by the newly emerging republics. Ironically the Hispanic-Americans used to prefer to call their language **castellano** rather than **español** to distinguish it from the language of their former colonial masters. The term does not denote a preference for the **ceceo** – in fact, quite the reverse.

## 2 's' without the sh-sound

The Castilian tendency to pronounce the 's' of **España** as **Eshpaña** is not found in Spanish America. As in the Canary Islands and some parts of Southern Spain, American Spanish speakers pronounce the letter 's' very much like English: six, sack, set, pest or study.

## 3 Weak 's'

Another feature which the lowland areas of Spanish America (the Caribbean Basin, Argentina and Uruguay), the Canaries, and Southern Spain all have in common is the tendency to weaken the pre-consonantal 's' to the point where it becomes a soft aspiration ('h') and at times disappears completely.

For example:
**Las maletas no están aquí** is pronounced more like:
lah maletah no ehtán aquí
or
la' maleta' no e'tán aquí.

## 4 Consonant weakening

In those parts of the Spanish-speaking world where the 's' is weak, the same is true for other consonants.

For example:
The final **-r** is often dropped (**llamá**, instead of **llamar**);

Likewise the **-d-** of the **-ado** past participle (**hablao**, instead of **hablado**);

Even final **-n** can be cut short (**biẽ** instead of **bien**), especially in the Caribbean area.

## 5 Yeísmo

All over Spanish America, there is no phonetic distinction between '**ll**' and '**y**'. They are both pronounced the same: **y** as in the English word 'yes' or 'j' as in 'John', or a sound in between, depending on regional preference. This is also true of wide areas in Spain and is called **yeísmo**. In the area of the River Plate (Argentina, Uruguay and Paraguay), the '**ll**' and '**y**' are both pronounced like the 'si' of the English word 'occasion', and at times like the 'ch' of 'choice'. The traditional sound of '**ll**' (as in the 'lli' of 'million') has virtually disappeared from Spanish.

## ACKNOWLEDGMENTS
The authors would like to thank all those organizations which have kindly allowed us to use their copyright materials, namely:
Xunta de Galicia, Junta de Castilla y León, Spanish Tourist Office, Diario 16, El País Semanal, Noticias Latin America, Mundo Latino, Crónica Latina, Aries International, Inc., Regents Publishing Co. Inc., Mary Glasgow Publications, International Thompson Publishing Services Limited.

# Lesson 1

*You will read about:*
- *Castile and its castles*
- *El Escorial*
- *La Mancha*
- *Don Quixote and Sancho Panza*

*You will study:*
- *expressing regret*
- *offering or accepting an apology*

## CASTILLA

La mayor región natural de la Península Ibérica y su núcleo es la Meseta Central. Es la altiplanicie más grande y elevada de Europa Occidental, con tierras de altura media entre 600 y 1.200 metros. Ocupa todo el centro de España y está rodeada de cordilleras que la aíslan del mar y que le confieren un clima continental con inviernos largos y severos, y veranos cálidos y rigurosos ('nueve meses de invierno y tres de infierno'). Desde la Edad Media la Meseta ha jugado un papel dominante en la vida española: de aquí surgió la corona de Castilla, cuya influencia en la historia y el destino españoles ha sido muy marcada; desde aquí se lanzó la Reconquista; es la cuna del castellano, la lengua local que se extendió por la península y más tarde, como español, por el imperio hispánico; finalmente, la región ha sido el centro del gobierno y el poder por mucho tiempo.

El norte de la altiplanicie se conoce como la Meseta Septentrional y está limitado al sur por la Cordillera Cantábrica; es una región

---

*¿Sabía Ud. que ...?*

- *En el Parque del Retiro en Madrid se encuentra la estatua del Ángel Caído, la única escultura pública en el mundo dedicada al diablo.*

- *La Mancha deriva su nombre de 'al mansha', que en árabe significa 'tierra seca'.*

- *En la construcción de El Escorial se usaron piedras de granito talladas, unidas sin cemento.*

fértil bañada por el río Duero y dedicada principalmente al cultivo de cereales.

En esta llanura está Castilla-León, donde se encuentran vestigios que atestiguan todas las culturas que han contribuido a plasmar a España a lo largo de toda su historia: el acueducto de Segovia (época romana); San Juan de Baños (época visigótica); el castillo de Gormaz (época árabe); las murallas de Avila (época románica); la catedral de Burgos (época gótica); el palacio de Valladolid (el Renacimiento), el Real Sitio de la Granja (siglo XVIII) y los modernos edificios y construcciones de los siglos XIX y XX, especialmente los teatros, las galerías de arte y los museos.

Además de historia, Castilla-León es una región de mucho arte y cultura, en la que brillan Salamanca, designada Patrimonio Cultural de la Humanidad por la riqueza de su arte e historia; Zamora, con su gran variedad de estilos arquitectónicos, especialmente su catedral, sus iglesias románicas y sus murallas; León, con su impresionante Catedral de San Isidro, que despliega la mayor superficie de vitrales de toda España y una colección de 2.000 pergaminos; Soria, que ha sido el objeto de las mejores páginas de escritores como Bécquer, Unamuno, Azorín y especialmente Antonio Machado; y Burgos, con su hermosa catedral, una de las joyas del estilo gótico y también Patrimonio de la Humanidad.

En el sur de la altiplanicie, en la Meseta Meridional, se encuentra Castilla-La Mancha, región llena de historia, salpicada de castillos medievales y ruinas romanas, donde abundan aldeas y pueblos de mucho colorido, muchos de los cuales se asocian con las aventuras de Don Quijote y Sancho Panza.

Casi la mitad oriental de la Meseta Meridional está ocupada por la mayor llanura de España, la Mancha, que se extiende por las provincias de Toledo, Cuenca, Ciudad Real y Albacete. Es una altiplanicie uniforme, tan horizontal que los ríos se estancan a menudo. Su pluviosidad es muy escasa y en el verano la temperatura puede llegar a los 40°C aumentando así la sequedad. Sin embargo, el suelo es fértil y la Mancha produce cereales y vinos, aceitunas y azafrán.

En la Mancha se encuentran centros urbanos como Ciudad Real, el centro de la región Manchega, con sus hermosas plazas y atractivas iglesias; Guadalajara, cuyo nombre significa 'ríos de piedra' – posiblemente una temprana referencia árabe al río Henares – situada en la hermosa y atractiva Alcarria; Cuenca, con sus casas colgantes y su gran tradición artística; y Albacete, con sus atractivas artesanías.

En medio de las dos partes de la Meseta Central, en el centro geográfico de España se encuentra Madrid, la capital, con sus museos, edificios, parques y jardines, todos llenos de historia, arte y cultura.

Al sur de Madrid se levanta Toledo, la Ciudad Imperial, la ciudad que reúne todo lo que es genuinamente español en su historia, sus monumentos, su arte, sus gentes y su ambiente.

## VOCABULARY

| | |
|---|---|
| **única** | only |
| **diablo, m.** | devil |
| **seca** | dry |
| **granito, m.** | granite |
| **talladas** | cut (stones) |
| **altiplanicie, f.** | plateau |
| **rodeada** | surrounded |
| **cordillera, f.** | mountain range |
| **aíslan (aislar)** | isolate |
| **confieren (conferir)** | confer |
| **cálidos** | hot |
| **rigurosos** | hard, severe |
| **jugar un papel** | to play a role |
| **surgió (surgir)** | arose |
| **corona, f.** | crown |
| **lanzó (lanzar)** | launched |
| **cuna, f.** | cradle |
| **poder, m.** | power |
| **septentrional** | northern |
| **vestigio, m.** | vestige, relic |
| **atestiguan (atestiguar)** | bear witness |

**1**

| | |
|---|---|
| **plasmar** | to forge |
| **Patrimonio Cultural de la Humanidad, m.** | World Cultural Heritage Site |
| **muralla, f.** | (city) wall |
| **despliega (desplegar)** | displays |
| **vitral, m.** | stained window |
| **pergamino, m.** | parchment |
| **meridional** | southern |
| **salpicada** | sprinkled |
| **aldea, f.** | village |
| **colorido, m.** | character |
| **mitad, f.** | half |
| **llanura, f.** | plain, flat land |
| **se estancan (estancarse)** | stop (flowing) |
| **a menudo** | often |
| **pluviosidad, f.** | rainfall |
| **escasa** | scarce |
| **sequedad, f.** | dryness |
| **azafrán, m.** | saffron |
| **colgantes** | hanging |
| **artesanía, f.** | crafts |
| **se levanta (levantarse)** | rises |
| **reúne (reunir)** | brings together |
| **ambiente, m.** | ambience |

## Exercise 1

Rewrite these sentences replacing the words <u>underlined</u> with an appropriate expression from the list provided and changing the form of other words, if necessary.

**país, influencia, no corren, extensa, poca lluvia, capital, obras, sintetiza, reliquias, morisca**

1 La Meseta Central es la altiplanicie más <u>grande</u> de Europa Occidental.

2 La Meseta ha tenido mucha <u>importancia</u> en la historia de España.

3 En la Meseta Septentrional hay numerosos <u>vestigios</u> de muchas culturas.

4 Muchos escritores famosos han dedicado sus mejores <u>páginas</u> a Soria.

5 Castilla-La Mancha es la <u>tierra</u> de Don Quijote.

6 Los ríos de La Mancha frecuentemente <u>se</u> <u>estancan</u>.

7 La Meseta Meridional tiene <u>una</u> pluviosidad <u>muy</u> <u>escasa</u>.

8 Guadalajara es una referencia <u>árabe</u> al río Henares.

9 Madrid es el <u>centro</u> <u>político</u> de España.

10 Toledo <u>reúne</u> todo lo que es genuinamente español.

## EL ESCORIAL

El famoso palacio-monasterio de El Escorial se encuentra a treinta y nueve kilómetros al noroeste de Madrid, a la vista de la Sierra de Guadarrama. Una excelente red de comunicaciones lo conecta con la capital; el viaje, sea por carretera o por tren, es placentero y presenta al visitante paisajes impresionantes y de mucha belleza, especialmente a medida que uno se acerca a las montañas.

El Monasterio de San Lorenzo de El Escorial, concebido y comisionado por Felipe II, proyectado por Juan Bautista de Toledo y realizado por Juan de Herrera entre 1563 y 1584, es un ejemplo supremo de austeridad y grandeza arquitectónicas. Dado que su construcción, piedra por piedra, sólo duró un poco más de 20 años, es un testimonio a la calidad de sus arquitectos y trabajadores y a la determinación del rey. Su nombre se debe a que Felipe II decidió hacerlo construir sobre una colina de escoria.

La edificación fue dedicada a San Lorenzo porque en su día (el 10 de agosto) en 1557 Felipe triunfó en la batalla de San Quintín, a consecuencia de lo cual Francia y España terminaron unidas políticamente. El monasterio tiene la forma de una parrilla en honor a la muerte de su patrono, quien fue quemado vivo por los romanos. El palacio mismo representa el asa, y las torres las cuatro patas en que se apoya la parrilla. El símbolo de la parrilla se repite en muchas otras partes del edificio y se usa como el emblema de El Escorial.

Felipe II concibió El Escorial como una representación del poder de la monarquía española, su hegemonía sobre el resto de Europa, el triunfo de la iglesia católica sobre la protestante, el esplendor de la liturgia divina y la gloria de las artes y las ciencias. Es por esto que El Escorial contiene una basílica impresionante; casas y edificios para la corte, la administración, la guardia, etc., (las llamadas 'Casas de los Oficios'); una vasta colección de pinturas y retratos de Velázquez, el Greco, Ticiano, Tintoretto y Bosch; la biblioteca más grande de la época (3.379 libros impresos, 1.886 manuscritos en árabe, 582 en griego, 2.086 en latín y 7.000 dibujos e impresos), todos de un valor bibliográfico único. Felipe también quiso que El Escorial fuese el panteón de todos los monarcas españoles: con la excepción de Felipe V y Fernando VI, el mausoleo contiene los restos de todos los reyes y reinas desde Carlos V.

## VOCABULARY

| | |
|---|---|
| **a la vista** | in sight |
| **paisaje, m.** | landscape |
| **a medida que uno se acerca** | as you get near |
| **dado que** | given that |
| **escoria, f.** | slag, dross heap |
| **parrilla, f.** | gridiron, grill |
| **quemado vivo (quemar)** | burnt alive |
| **asa, f.** | handle |
| **emblema, m.** | emblem, symbol |
| **biblioteca, f.** | library |
| **restos, m.** | remains |

### Exercise 2

State whether each of the following statements is true (**verdadero**) or false (**falso**):

1 El símbolo de El Escorial es una parrilla.

2 La construcción de El Escorial duró menos de dos décadas.

3 El principal material de construcción fue la escoria.

4 El Escorial fue dedicado a San Lorenzo porque su construcción se inició el 10 de agosto.

5 Dada la tecnología de la época, la construcción de El Escorial duró poco tiempo.

6 La Sierra de Guadarrama está cerca de El Escorial.

7 Los restos de Felipe V están en El Escorial.

8 Durante el reinado de Felipe II Francia y España estuvieron unidas.

9 El Escorial contiene la biblioteca más extensa de España.

10 Felipe II concibió El Escorial como un mausoleo.

# 1

## CASTILLA: TIERRA DE CASTILLOS

El antiguo reino de Castilla evolucionó después de muchos siglos en dos regiones administrativas, Castilla la Nueva y Castilla la Vieja. Desde 1978, el territorio se divide entre las autonomías de Castilla-León y Castilla-La Mancha. Aunque estos cambios han sido importantes, la antigua Castilla sobrevive en el espíritu de sus gentes, su arte, su cultura, sus universidades, sus ruinas y monumentos.

Castilla ofrece al visitante muchas atracciones tanto naturales como artísticas y culturales. Pero no hay nada que se asocie más con Castilla que sus castillos, los cuales le dieron su nombre a la región y atestiguan su ilustre historia. Los castillos constituyen una cultura ancestral que se ha conservado por generaciones y que se continuará restaurando y preservando para el futuro. Este interés en salvar este patrimonio único no sólo se debe a la acción de las administraciones públicas, sino también a un auténtico espíritu comunitario.

Hay numerosos castillos en perfecto estado de restauración, mientras que otros, lastimosamente, ofrecen apenas vestigios de su glorioso papel en la Reconquista. Muchos son propiedad del estado o de las administraciones locales, mientras que otros están en manos de particulares. Algunos, como el Torreón de doña Urraca (Covarrubias), el castillo del Cid (Sotopalacios) y el castillo del Buen Amor (Villanueva de Cañedo) sirven de vivienda, permanente u ocasional; otros, como el castillo de la Triste Condesa (Arenas de San Pedro), el castillo-palacio de Magalia (Las Navas del Marqués), el Torreón de los Guzmanes (Caleruega), el castillo de los Templarios (Ponferrada), el castillo de Peñafiel y el Alcázar de Segovia se usan para actividades recreativas, culturales y artísticas y/o como museos; algunos como el castillo de Ciudad Rodrigo, el castillo de Villaviciosa y la Torre del Caracol del castillo de Benavente, han sido restaurados y convertidos en atractivos hoteles y paradores; otros como el castillo de Coca, el castillo de Cuéllar y el castillo de la Mota (Valladolid) han sido equipados y dedicados a cursos, seminarios y congresos; algunos otros se

dedican a usos más mundanos como el castillo de
Villalba de los Alcores, cuyos sótanos se usan para curar
quesos, y el castillo de Castronuevo (Rivilla de Barajas),
cuyos campos y alrededores se dedican a la agricultura;
muchos otros como el magnífico castillo de Santa Gadea
del Cid y el castillo de Castrojeriz se encuentran en
ruinas o en vías de restauración. Pero, cualquiera que
sea el estado de los castillos, en muy pocas ocasiones
dejará el visitante de saborear la historia de la
Reconquista y las leyendas de la época de caballerías
en sus piedras centenarias.

## VOCABULARY

| | |
|---|---|
| **evolucionó, (evolucionar)** | evolved |
| **lastimosamente** | alas, sadly |
| **en manos de particulares** | in private hands |
| **vivienda, f.** | dwelling |
| **parador, m.** | state-owned hotel |
| **sótano, m.** | basement |
| **curar (quesos)** | to cure (cheeses) |
| **en vías de** | in the process of |
| **cualquiera que sea el estado** | whatever the state |
| **saborear** | to relish, to appreciate |
| **época de caballerías, f.** | era of chivalry |
| **centenaria** | ancient, old |

## Exercise 3

Complete the following statements with the appropriate word:

**Reconquista, educativos, Castilla, vivienda, parador, las leyendas de caballería, preservado, reino**

1 … debe su nombre a sus numerosos castillos.
2 Castilla fue originalmente un … .
3 Los castillos manchegos se han … gracias a acción gubernamental y a esfuerzos particulares.
4 Los castillos manchegos son testigos de la … .
5 Muchos castillos sirven de … .
6 El castillo de Villaviciosa es un … .
7 Algunos castillos como el de la Mota se destinan a usos … .
8 El origen de los castillos manchegos se mezcla con … .

## LA MANCHA: LA LLANURA ETERNA

'…Y, ya fuera del pueblo, la llanura ancha, la llanura infinita, la llanura desesperante, se ha extendido ante nuestra vista. En el fondo, allá en la línea remota del horizonte, aparecía una pincelada larga, azul, de un azul claro, tenue, suave; acá y allá, refulgiendo al sol, destacaban las paredes blancas, nítidas, de las casas diseminadas en la campiña; el camino, estrecho y amarillento, se perdía ante nosotros, y de una banda y de otra, a derecha e izquierda, partían centenares de surcos, rectos, interminables, simétricos. …La jaca corre desesperada, impetuosa; las anchurosas piezas se suceden iguales, monótonas; todo el campo es llano, uniforme, gris, sin un altozano, sin la más suave ondulación. Ya han quedado atrás, durante un momento, las hazas sembradas en que el trigo temprano o el alcacel comienza a verdear sobre los surcos; ahora, todo el campo que abarca nuestra vista es una extensión gris, negruzca, desolada.'
Azorín: *La Ruta de Don Quijote*

## VOCABULARY

| | |
|---|---|
| **desesperante** | unbearable |
| **vista, f.** | sight |
| **fondo, m.** | background |
| **pincelada, f.** | brush-stroke |
| **refulgiendo (refulgir)** | shining |
| **nítidas** | clear |
| **estrecho** | narrow |
| **amarillento** | yellowish |
| **centenar, m.** | hundred |
| **surco, m.** | furrow |
| **jaca, f.** | small horse |
| **altozano, m.** | hillock |
| **haza, f.** | small plot of (arable) land |
| **sembradas (sembrar)** | planted |
| **trigo temprano, m.** | early wheat |
| **alcacel, m.** | barley field |
| **verdear** | to turn green |
| **abarca (abarcar)** | covers |
| **negruzca** | blackish |

## Feature

### DON QUIJOTE Y SANCHO PANZA

**La aventura de los molinos de viento**
En esto descubrieron treinta o cuarenta molinos de
viento en aquel campo; cuando Don Quijote los vio, dijo
a su escudero:

– La suerte va guiando nuestras cosas mejor de lo que
deseamos; porque ves allí, amigo Sancho Panza, treinta
o pocos más gigantes con quienes pienso hacer batalla
y matarlos, y con cuyos despojos nos comenzaremos
a enriquecer; que esta guerra es buena y estamos al
servicio de Dios.

– ¿Qué gigantes?, dijo Sancho Panza.

– Aquellos que ves allí, respondió su amo, de brazos largos.

– Mire, vuestra merced, respondió Sancho, siento mucho
contradecirle, pero esos no son gigantes, sino molinos de

viento, y los que parecen brazos son las aspas que, con el viento, hacen mover la piedra del molino.

– Bien parece, respondió Don Quijote, que no sabes mucho de aventuras: son gigantes, y si tienes miedo, quítate de ahí, ponte a rezar y déjame entrar en fiera y desigual batalla con ellos.

Y diciendo esto espoleó su caballo Rocinante, sin atender a Sancho Panza, quien insistía que eran molinos de viento y no gigantes. Pero Don Quijote, quien no oía los gritos de su escudero, iba diciendo en voz alta:

– No huyáis, cobardes y viles criaturas, que un solo caballero os ataca.

Se levantó un poco de viento y las grandes aspas de los molinos comenzaron a moverse.

– Aunque mováis mucho los brazos, no me asustáis, gritó Don Quijote.

Y diciendo esto se encomendó a su señora Dulcinea, arremetió a todo galope y embistió al primer molino que encontró a su paso, dándole una lanzada en el aspa. La lanza se volvió pedazos y Don Quijote y Rocinante terminaron rodando maltrechos por el suelo. Sancho Panza corrió a socorrerlo en su asno, el Rucio, y encontró que casi no se podía mover.

– ¡Válgame Dios!, dijo Sancho, me arrepiento de no haber insistido más en que estos no eran gigantes sino molinos de viento.

– No importa, amigo Sancho, respondió Don Quijote, que las cosas de guerra cambian todo el tiempo; y entre más lo pienso, más me convenzo que fue el sabio Frestón quien convirtió los gigantes en molinos de viento para quitarme la gloria de derrotarlos; tal es la enemistad que me tiene, pero mi espada triunfará sobre sus malas artes.

Y habiendo escuchado esto, Sancho Panza lo ayudó a levantar y a montar a Rocinante, y se dirigieron a Puerto Lápice en busca de más aventuras...

Cervantes: *El Ingenioso Hidalgo Don Quijote de la Mancha* (adaptado)

## VOCABULARY

| | | | |
|---|---|---|---|
| molino de viento, m. | windmill | se encomendó (encomendarse) | put his trust in |
| escudero, m. | squire | arremetió (arremeterse) | attacked |
| hacer batalla | to battle | embistió (embestir) | charged |
| despojo, m. | loot, booty | | |
| amo, m. | master | se volvió pedazos (volver) | broke into pieces |
| vuestra merced | your lordship | | |
| aspa, f. | arms, blades | maltrechos | battered, injured |
| quítate de ahí | out of the way | asno, m. | donkey |
| rezar | to pray | ¡Válgame Dios! | For goodness sake! |
| entrar en batalla | to go into battle | | |
| fiera | fierce | más me convenzo (convencer) | I am more convinced |
| desigual | unequal | | |
| espoleó (espolear) | to stir up on | derrotar | to defeat |
| no huyáis (huir) | don't flee, don't run away | enemistad, f. | hatred, dislike |
| | | malas artes, f. | trickery, deceit |
| cobardes | coward | | |
| caballero, m. | knight | en busca de | in search of |

## Exercise 4

State whether each of the following statements is true (**verdadero**) or false (**falso**):

1 El escudero de Don Quijote se llamaba Sancho Panza.
2 Don Quijote pensó que era mala suerte encontrarse con los gigantes.
3 Los gigantes no eran más que molinos de viento.
4 Sancho Panza no quiso entrar en la batalla porque no tenía armas.
5 Don Quijote pensó que esta batalla lo haría rico.

6 Don Quijote se asustó cuando las aspas de los molinos se empezaron a mover.

7 Sancho Panza siguió a su amo en la batalla.

8 Don Quijote embistió el aspa del molino con su espada.

9 Sancho Panza ayudó a Don Quijote a montar al Rucio.

10 Después de la batalla, Sancho Panza y Don Quijote se dirigieron a Puerto Lápice a buscar a los gigantes.

## 1  EXPRESSING REGRET

**Sentir** + infinitive is used to express regret:

**Siento mucho contradecirle.**
I'm sorry to contradict you.

**Arrepentirse de** or **estar arrepentido / -a de** +
infinitive is used to express regret for an earlier action:

**Me arrepiento de no haber insistido en que...**
I regret not to have insisted that...

If you are sorry that somebody else has done something
or is in a particular predicament, then the verb following
**que** is in the subjunctive:

**Siento que estés enfermo/ -a.**
I am sorry that you are ill
**Siento que Pedro no haya venido.**
I'm sorry Pedro hasn't come.

Whenever the subject is different in the two clauses
('I am sorry that you are ill'), **sentir que** takes a
subjunctive:

**¿Sientes que tu hijo no pueda venir en Navidad?**
Are you sorry that your son can't come at Christmas?

## Exercise 5

Translate into Spanish:

1 I am sorry the book is too expensive.
2 I regret to have to leave now.
3 She regrets her decision.
4 Aren't you sorry your team did not win?
5 They were sorry to have offended us.
6 Nobody regrets that more than me.
7 We are very sorry you are not feeling well.
8 He regrets not putting in an offer for the house.
9 She regrets that he did not tell her in time.
10 I am sorry that you missed your plane.

## 2　OFFERING AND ACCEPTING APOLOGY

The commonest way of apologising for something is to say **lo siento** ('I'm sorry') or **disculpe** ('Excuse me'). When you say what it is you are sorry for, the 'lo' is dropped and an infinitive follows:

**Sentimos haberle molestado.**
We're sorry we disturbed you.

Other ways of apologising are:

**Quisiera pedir disculpas por haberle causado molestias.**
I'd like to apologise for inconveniencing you.
**¡Qué vergüenza!**
How embarrassing!
**Me siento muy avergonzado / -a por...**
I'm very embarrassed about...

To accept an apology, one usually says:

**No se preocupe.** Don't worry.
**No importa.**　　It doesn't matter.
**No pasa nada.**　 It's all right.

## Exercise 6

Reply to each sentence using an expression of apology (offering or accepting):

1 La habitación no tiene vista al mar como dice en el folleto.
2 Me despertaste anoche.
3 Perdona que hice mucho ruido en el teléfono.
4 Se me olvidó comprar el pan.
5 Siento mucho no poder ir a la excursión.
6 Perdona que no te pude llamar anoche.
7 Tu respuesta fue ridícula.
8 Lamento mucho lo del accidente.
9 Tú abriste la carta, ¿cierto?
10 Discúlpame por no habértelo dicho antes.

### LISTENING PRACTICE

*Conversación: Una visita a Toledo*

The González are in Toledo for the day and want to find out what to see. They pay the Tourist Office a visit...

STA. GARCÍA **Buenos días, ¿en qué puedo servirles?**

SR. GONZÁLEZ **Buenos días. Llegamos anoche a Toledo y apenas tenemos un día para explorar esta maravillosa ciudad.**

SRA. GONZÁLEZ **Se dice que Toledo es el resumen más evocativo de lo que es genuinamente español; así que no nos gustaría irnos sin llevarnos una buena idea de cómo es Toledo.**

STA. GARCÍA **Por supuesto. Pero, siento mucho que no tengan más que un día para su visita. Es muy poco tiempo.**

SR. GONZÁLEZ **Y, ¿si nos limitamos a los sitios más importantes?**

STA. GARCÍA  **Lo difícil es decidir cuáles son los sitios más importantes. Todo en Toledo es importante. Es mejor que Uds. decidan si sólo quieren ver los edificios desde fuera, que son muchos, o si quieren mirar el interior de algunos sitios, junto con las obras de arte que contienen. ¿Uds. qué prefieren?**

SRA. GONZÁLEZ  **Disculpe, pero nosotros estamos aquí precisamente porque no sabemos qué hacer. Si Ud. no nos puede aconsejar, es mejor que vayamos a otra parte.**

STA. GARCÍA  **Mire, no es necesario que se ponga así. Es que hay tanto que ver en Toledo...Como Uds. saben, Toledo es una ciudad muy antigua, cuyos orígenes están envueltos en un velo de misterio y leyenda. Ya era una ciudad importante en la época romana y los visigodos la hicieron su capital en la península y la declararon 'Ciudad Regia'. Esto la convirtió en un centro de gran atracción para artistas y artesanos. Los musulmanes dejaron muchos vestigios artísticos y arquitectónicos que han sobrevivido hasta el presente. También es importante recordar la influencia judía.**

SRA. GONZÁLEZ  **¿Y existen muestras de cada cultura?**

STA. GARCÍA  **Afortunadamente sí, aunque sólo queda un edificio intacto de la era musulmana: la mezquita del Cristo de la Luz, que data del siglo X. La época cristiana dejó muchas muestras de arte mudéjar, en el que se mezclan motivos árabes y cristianos, como la iglesia de Santiago del Arrabal, construida en el siglo XIII, y la iglesia de Santa María la Blanca, que es en realidad una sinagoga.**

SRA. GONZÁLEZ  **¿Y dónde se encuentran las pinturas del Greco?**

| STA. GARCÍA | En la Catedral del Primado de España, que es el mejor ejemplo de la arquitectura y el arte góticos. Unas pinturas del Greco se encuentran en la sacristía, que data del Renacimiento. La sacristía es en realidad un museo dedicado a sus pinturas y las de otros pintores como Goya, Van Dyck, Luca Giordano, Tristán, etc. |
| SR. GONZÁLEZ | Gracias por la lección de historia, pero creo que esto sería más que suficiente para un día. Además, ya hace un buen tiempo que estamos aquí. |
| STA. GARCÍA | ¡Que vergüenza! Perdonen Uds., pero me apasiona hablar de Toledo y de su historia, y cuando empiezo no acabo. |
| SRA. GONZÁLEZ | No pasa nada. No se preocupe. A mí también me gusta la historia. Con esta información podremos alcanzar nuestro objetivo. |
| STA. GARCÍA | Seguro, pero no se olviden de visitar la plaza de Zocodover, el corazón y centro de vida cotidiana en Toledo. Y no se vayan sin visitar el símbolo de Toledo, el Alcázar, y... |
| SR. GONZÁLEZ | Muchas gracias, señorita. |
| SRA. GONZÁLEZ | Sí, muchísimas gracias. Hasta la vista. |
| STA. GARCÍA | ¡Que se diviertan y conozcan mucho! |

## VOCABULARY

| | |
|---|---|
| **apenas** | just |
| **por supuesto** | of course |
| **lo difícil** | the difficult thing to do |
| **aconsejar** | to advise |
| **no es necesario que se ponga así** | there is no need for that |
| **envuelto en un velo de misterio y leyenda** | shrouded in mystery and legend |
| **Ciudad Regia, f.** | Royal City |

| artesano, m. | craftsman |
|---|---|
| mezquita, f. | mosque |
| data de (datar) | dates from |
| muestra, f. | example |
| sinagoga, f. | synagogue |
| Primado, m. | Primate, Cardinal |
| sacristía, f. | sacristy |
| en realidad | truly, in reality |
| lección de historia, f. | history lesson |
| hace un buen tiempo | it's been long enough |
| ¡Qué vergüenza! | I'm sorry! |

## Exercise 7

Answer the following questions in Spanish:

1 ¿Cuántos días iban a estar los González en Toledo?
2 ¿Quiénes declararon a Toledo 'Ciudad Regia'?
3 ¿Quiénes habitaron Toledo después de los visigodos?
4 ¿Por qué es única la mezquita del Cristo de la Luz?
5 ¿Qué caracteriza el arte mudéjar?
6 ¿Por qué es interesante la Iglesia de Santa María la Blanca?
7 ¿De qué arte y arquitectura es muestra la Catedral del Primado de España?
8 ¿Por qué es famosa esta catedral?
9 ¿Cuál se considera el centro de actividad de Toledo?
10 ¿Cuál es el símbolo de Toledo?

# Lesson 2

*You will read about:*
- *Catalonia*
- *the monastery of Montserrat*
- *two distinguished Catalans: Antonio Gaudí and Salvador Dalí*

*You will study:*
- *the use of adjectives of nationality and regional origin*
- *how to express 'succeeding in doing something', 'doing something again', 'trying' and 'attempting'*

## CATALUÑA

Cataluña está situada en el rincón noroeste de la Península Ibérica. Al sur tiene una larga costa sobre el Mediterráneo y al norte los Pirineos la separan de Francia. Por su situación de cuña entre Francia y el resto de España, Cataluña goza de la influencia de las dos culturas. Es una de las regiones más pobladas de España y, junto con el País Vasco, es el área más industrializada de la Península. A pesar de ser una región montañosa, su agricultura y ganadería son importantes para la economía, así como la riqueza forestal y la pesca. Pero su recurso más importante es el comercio, siendo Cataluña la primera región mercantil de España, y Barcelona su gran centro financiero.

La mayoría de sus habitantes viven en la capital o en sus muchas ciudades satélites como Sabadell y Tarrasa. Los catalanes son muy laboriosos, tenaces y emprendedores, y cuando hablan de Europa se

> *¿Sabía Ud. que ...?*
>
> ■ *Según algunos historiadores, la Generalitat del siglo XIV, el gobierno regional de Cataluña, fue el primer gobierno parlamentario del mundo.*
>
> ■ *A mediados del siglo XIV la federación catalano-aragonesa gobernaba no solamente la región de Valencia y las Islas Baleares, sino también Cerdeña, Córcega y gran parte de la actual Grecia.*

sienten más norteños que sureños y capaces de
competir con los franceses, alemanes y británicos. Los
catalanes se identifican primero como catalanes,
segundo como europeos y finalmente como españoles.
Se sienten muy orgullosos de su idioma, el catalán, que
fue la primera lengua oficial de los Juegos Olímpicos de
1992, y no el español, como era de esperarse. Como los
vascos, el afán de independencia de los catalanes es
legendario y, aunque no han utilizado medidas extremas
para lograr alcanzarla, su meta final es bien conocida.

Cataluña es la puerta de Europa, una encrucijada de
culturas, donde se reúne lo tradicional y lo moderno, la
montaña y el mar, la agricultura y la industria, el
individualismo y el espíritu comunitario.

## VOCABULARY

| | |
|---|---|
| **rincón, m.** | corner |
| **cuña, f.** | wedge |
| **laborioso** | hard-working |
| **tenaz** | tenacious |
| **emprendedor** | entrepreneurial |
| **norteño** | from the north |
| **sureño** | from the south |
| **encrucijada, f.** | crossroads |

## EL MONASTERIO DE MONTSERRAT

Cataluña posee muchas atracciones para el visitante: la
Costa Brava, los Pirineos, Barcelona, las ruinas romanas,
etc. Pero no hay nada con que los catalanes se
identifiquen más que Montserrat y no es coincidencia
fortuita que un nombre de mujer muy común en Cataluña
sea 'Montserrat'. El monasterio benedictino de
Montserrat se encuentra a unos treinta y cinco
kilómetros al noroeste de Barcelona, empotrado en un
macizo montañoso, erosionado por los elementos
durante milenios y configurado con formaciones rocosas
espectaculares, que le dan un aspecto irreal, milagroso.

Según Juan Maragall, escritor catalán, 'se asemeja a veces a una nube azulada de fantásticos bordes...un castillo gigantesco con cien torreones. Pero cuando se llega al pie y se alza delante anchamente y en mil agujas, entonces Montserrat es más que todo un ara, un templo.' El monasterio fue fundado en 1025 y se ha convertido en un símbolo por excelencia de la nacionalidad y de la cultura catalanas: posee una biblioteca de más de 260.000 volúmenes, una preciosa colección de arte religioso y una imprenta que ha funcionado continuamente desde 1499. Montserrat es también un santuario dedicado a la Virgen Morena, la Moreneta, patrona de Cataluña.

## VOCABULARY

| | |
|---|---|
| **empotrado** | built-in |
| **macizo, m.** | massif |
| **erosionado** | worn out |
| **milenio, m.** | millennium |
| **se asemeja** (asemejarse) | looks like |
| **nube, f.** | cloud |
| **borde, m.** | lining |
| **torreón, m.** | turret |
| **ara, m.** | altar |
| **imprenta, f.** | printing press |

Rewrite these sentences replacing the words underlined with an appropriate expression from the list provided and changing the form of other words, if necessary.

**acuñada, colección de libros, comercial, industrias, autonomía, apariencia, erosionadas, idioma, por excelencia, casi**

1 Cataluña está <u>situada</u> entre Francia y el resto de España.

2 El catalán es una <u>lengua</u> hermana del español.

3 Cataluña es la primera región <u>mercantil</u> de España.

4 Como los vascos, los catalanes buscan su <u>independencia de</u> España.

5 Los <u>negocios</u> catalanes son el motor de la economía local.

6 Montserrat se encuentra a <u>unos</u> 35 kilómetros de Barcelona.

7 Las rocas han sido <u>desgastadas</u> por la lluvia y el viento.

8 Montserrat contiene una <u>biblioteca</u> enorme.

9 Las formaciones rocosas le dan al monasterio un <u>aspecto</u> maravilloso.

10 Montserrat es el monumento catalán más <u>importante</u>.

## DOS CATALANES DISTINGUIDOS: (1) GAUDÍ

Antonio Gaudí, nacido en Reus, cerca de Tarragona, el 23 de julio de 1852, es el arquitecto catalán de más renombre. A la edad de 15 años publicó sus primeros bosquejos y a los 18 diseñó el escudo de armas del monasterio de Poblet. En 1873 inició sus estudios de arquitectura en Barcelona, durante los cuales trabajó con arquitectos famosos, entre los cuales se destaca Francisco Paula de Villar, con quien más tarde colaboró en el monasterio de Monserrat y la catedral de la Sagrada Familia. Entre 1878 y 1883 Gaudí logró establecer su reputación de innovador con varios proyectos entre los cuales se cuenta el diseño de la iluminación pública de Barcelona. En 1883 empezó a trabajar como arquitecto en la construcción de la Sagrada Familia, su obra más famosa.

La Sagrada Familia es al mismo tiempo un ejemplo de la tradición gótica y una muestra de la arquitectura del siglo XX. En su construcción intentó Gaudí alcanzar la más completa y deseable integración de la arquitectura con la pintura, la escultura, la música, la cerámica, el forjado y la naturaleza misma. Las torres, por ejemplo, siguen la estructura vertical de una caña y tardaron mucho tiempo en terminarse por la necesidad de observar principios acústicos en su construcción debido a que Gaudí las diseñó como campanas gigantescas.

Cuando Gaudí murió en 1926 atropellado por un tranvía, apenas se había terminado de construir la fachada principal. Desde entonces la lenta construcción continúa, a pesar de que muchos arquitectos no están de acuerdo, pues consideran que la Sagrada Familia fue una creación personal de Gaudí, imposible de ser continuada por otros.

## VOCABULARY

| | |
|---|---|
| nacido | born |
| renombre (de más), m. | best known |
| bosquejo, m. | sketch, drawing |
| escudo de armas, m. | coat of arms |
| iluminación pública, f. | street lighting |
| deseable | desirable |
| forjado, m. | forging (metal) |
| caña, f. | cane |
| atropellado | run over |
| apenas | just |
| fachada, f. | façade |
| lenta | slow |
| a pesar de | in spite of |
| de acuerdo (estar) | to agree |

## Exercise 9

Complete the following statements with the appropriate word:

**acabada, propia, fama, continuada, siguiendo, integrar, a la vez, quieren, conocida, bosquejos**

1 Gaudí es el arquitecto catalán de más … .
2 A los 15 años, Antonio Gaudí publicó sus primeros … .
3 La Sagrada Familia es la obra más … de Gaudí.
4 Las torres fueron construidas … principios acústicos.
5 La Sagrada Familia es … gótica y moderna.
6 La Sagrada Familia fue una creación … de Gaudí.
7 Muchos arquitectos no … que se continúe su construcción.
8 La catedral todavía no está … .
9 Según algunos seguidores de Gaudí, la construcción no puede ser … por otros.
10 En la Sagrada Familia Gaudí quiso … la arquitectura con las artes.

## DOS CATALANES DISTINGUIDOS: (2) DALÍ

Salvador Dalí nació en Figueras, un pueblecito catalán, el 11 de mayo de 1904. Desde muy temprana edad demostró gran destreza en el dibujo y la pintura, y sus primeros cuadros revelan gran visión, sensibilidad artística y una tendencia obvia a experimentar con luz, color y textura. En 1923 estudió brevemente en la Academia Libre en Madrid. En 1928 se marchó para París a unirse al movimiento surrealista. Durante esta época produjo muchos cuadros entre los cuales se destacan la Persistencia de la Memoria y el Espectro del Sex-appeal. En 1940 consiguió radicarse en los Estados Unidos donde ganó fama y celebridad no sólo por sus cuadros, sino también por sus pronunciamientos y estilo de vida. De esta época son famosos cuadros de tipo religioso como la Madona de Port Lligat, el Cristo de San Juan de la Cruz y la Ultima Cena.

**2**

Dalí tenía una personalidad compleja y se inclinaba por la controversia y el exhibicionismo. Le gustaba provocar al gusto establecido con obras, acciones y opiniones chocantes y calculadas.

En los últimos años de su vida, Dalí se refugió en el pueblo catalán de Cadaqués de Port Lligat, de donde nunca volvió a salir y donde murió en 1989.

## Feature

### UNA ENTREVISTA CON SALVADOR DALÍ

*— ¿Quiénes han sido los artistas que más han influido en Ud?*

– Ciertamente algunos maestros españoles como Goya y Velázquez. Pero prefiero a los holandeses Vermeer y G. Dou, discípulo de Rembrandt. En Dou he descubierto algo fascinante. Hizo dobles de algunos de sus cuadros y la gente pensó durante muchos años que los hacía sólo por vender más cuadros. Yo he examinado esos cuadros con una lupa y he comprobado que esos dobles no son exactamente iguales: En uno, por ejemplo, una ventana es más grande en el original que en el doble. Probablemente, gracias a la ayuda de su contemporáneo, Van Leeuwenhoek, inventor del microscopio, se valió de espejos y lentes especiales para crear un cuadro estereoscópico único. En lo que a mí concierne, trato de reinventar tales lentes. También trabajo en hologramas, que son pinturas tridimensionales a base de rayos láser.

*– Los críticos afirman que Ud. a veces es demasiado comercial, que se presta a escenas tontas, como cortarse el bigote delante las pantallas de TV, o a permitir que su nombre aparezca en algunos productos. ¿Es Ud. en realidad exclusivamente comercial?*

– Es absolutamente cierto. Como a cualquier otra persona, a Dalí le gusta el dinero. El oro es para mí algo fabuloso. En la Edad Media, se hicieron muchos intentos fútiles de obtener oro de materiales pobres. De otra parte, si hablo sobre cosas serias, por ejemplo, de G. Dou, nadie presta atención a lo que digo. No obstante, la gente está interesada en mi personalidad.

*– A veces da la impresión de que se ríe de la gente cuando hace lo que hace. ¿Es verdad?*
– Nunca me río de la gente. Soy muy serio, quizás trágico. Algunas veces, sin embargo, me río después de haber hecho algo. Pero me río de mí mismo, no de los otros.

*– ¿Se considera Ud. un gran artista?*
– No, no. En comparación con Velázquez o Vermeer, por ejemplo, soy un artista modesto. Pero en comparación con los artistas de hoy, probablemente soy el mejor.

*– Los críticos sugieren que tiene Ud. una obsesión por el tiempo y de ahí la presencia constante de relojes distorsionados y otros elementos representativos del transcurso del tiempo en cuadros como 'la Persistencia de la Memoria'. ¿Qué opinión tiene Ud. de esto?*
– En esto los críticos tienen razón en parte. Hay muchas cosas que me han obsesionado durante mi carrera: el tiempo, el nacimiento, la muerte, el sexo, la paranoia, la dualidad humana, el hambre, la violencia, la estructura atómica, el espacio, etc. Pero una de las más persistentes ha sido el tiempo, porque es algo de lo que no se puede escapar.
Mis cuadros reflejan no sólo esta presencia constante, sino también la dualidad tiempo-espacio. Los críticos, sin embargo, no han acertado en adivinar el significado de los relojes distorsionados. ¡La inspiración me vino simplemente de observar cómo se derrite y se deforma el queso Camembert!

(Adaptado de una entrevista en *Newsweek*, Octubre 27, 1975)

## VOCABULARY

| | |
|---|---|
| **temprana** | early |
| **destreza, f.** | skill |
| **dibujo, m.** | drawing |
| **brevemente** | for a short time |
| **se marchó** (marcharse) | went, left for |
| **unirse** | to join |
| **radicarse** | to establish oneself |
| **gusto establecido, m.** | conventional taste |
| **chocante** | shocking |
| **se refugió** (refugiarse) | sought refuge |
| **lupa, f.** | magnifying glass |
| **espejo, m.** | mirror |
| **lente, m.** | lens |
| **rayo láser, m.** | laser |
| **se presta** (prestarse) | lend yourself |
| **tonta** | silly |
| **bigote, m.** | moustache |
| **pantalla, f.** | screen |
| **de veras** | truly |
| **Edad Media, f.** | Middle Ages |
| **presta atención** (prestar) | pays attention |
| **no obstante** | nevertheless |
| **reloj, m.** | watch, clock |
| **distorsionado** | distorted |
| **transcurso, m.** | passing (of time) |
| **carrera, f.** | career |
| **nacimiento, m.** | birth |
| **muerte, f.** | death |
| **hambre, f.** | hunger |
| **acertado** (acertar) | got it (right) |
| **se derrite** (derretirse) | melts |

## Exercise 10

State whether each of the following statements is true (**verdadero**) or false (**falso**):

1 Dalí mostró precocidad artística desde muy joven.
2 Dalí nunca estudió pintura.
3 En los Estados Unidos Dalí ganó fama como surrealista.
4 Dalí nunca le dedicó tiempo a la pintura sacra.
5 A Dalí le gustaba provocar y chocar al status quo.
6 Dalí prefiere a los pintores españoles.
7 Las pinturas de G. Dou fueron copiadas por Dalí.
8 Según Dalí, a la gente le interesa más su personalidad que sus pinturas.
9 Dalí se inspiró en el queso Camembert para pintar 'La Persistencia de la Memoria'.
10 Una obsesión de Dalí fue la muerte.

## 3 ADJECTIVES OF NATIONALITY AND REGIONAL ORIGIN

Adjectives of nationality, like any other adjective in Spanish, agree in both gender and number with the noun they qualify. But those which end in a consonant add **-a** for the feminine singular form, **-es** for the masculine plural form and **-as** for the feminine plural form. For example:

| | |
|---|---|
| **una región española** | a Spanish region |
| **los Pirineos franceses** | the French Pyrenees |
| **costumbres catalanas** | Catalonian customs |

Adjectives of this type ending in **-e** do not vary in gender:

| | |
|---|---|
| **un taxi londinense** | a London taxi |
| **una ciudad estadounidense** | a US city |

They, however, form the plural in the normal way:

| | |
|---|---|
| **taxis londinenses** | London taxis |
| **ciudades estadounidenses** | US cities |

Other adjectives in this category include:

| | |
|---|---|
| **costarricense** | Costa Rican |
| **conquense** | from Cuenca |
| **bonaerense** | from Buenos Aires |
| **nicaragüense** | Nicaraguan |
| **canadiense** | Canadian |

Note that these adjectives are not capitalised in Spanish, nor are the names of languages: **español**, **catalán**, **francés**, etc.

## Exercise 11

Substitute suitable adjectives for the <u>underlined</u> phrases in the following sentences: e.g.

Entre los <u>residentes de Londres</u> hay una alta incidencia de asma.

Entre los <u>londinenses</u> hay una alta incidencia de asma.

1 Conocimos una familia <u>de Francia</u>.

2 Tengo dos amigos <u>que son de Córdob</u>a.

3 Las <u>mujeres de Irlanda</u> por lo general son extrovertidas.

4 Estas chicas son <u>de Cataluña</u>.

5 El equipo de fútbol <u>de Madrid</u> ganó el campeonato.

6 Hay más botes pesqueros <u>en España</u> que <u>en Inglaterra</u>.

7 Los jugadores de rugby <u>de Escocia</u> y <u>de Gales</u> son muy fuertes.

8 Hasta las <u>mujeres de Barcelona</u> son muy aficionadas al fútbol.

9 Los políticos <u>de los Estados Unidos,</u> <u>de Alemania</u> y <u>de Japón</u> se reunieron en Washington.

10 La música <u>de Cuba</u> es muy popular.

## Exercise 12

Make statements about the origins of the historical figures below, following the example:

Picasso (Andalucía)
Picasso era andaluz.

1 Los hermanos Wright (Los Estados Unidos)
2 Francisco Franco (Galicia, España)
3 Simón Bolívar (Venezuela)
4 Las hermanas Bronte (Inglaterra)
5 Lenin (Rusia)
6 Cristobal Colón (Italia)
7 Dante (Italia)
8 Cervantes (España)
9 Beethoven (Alemania)
10 Juana de Arco (Francia)

2

## 4 HOW TO SAY 'TO SUCCEED IN DOING', OR 'TO MANAGE TO DO' SOMETHING

**Gaudí logró establecer su reputación.**
Gaudi managed to establish his reputation.
**Dalí consiguió radicarse en los Estados Unidos.**
Dali managed to set himself up in the US.

As well as **poder** + infinitive, Spanish can use either **lograr** + infinitive or **conseguir** + infinitive:

**Pudimos llegar a tiempo.**
We made it on time.
**Lograron escaparse de la cárcel.**
They managed to escape from jail.
**Por fin conseguí abrir la puerta.**
I finally managed to open the door.

But to succeed in life, or in a career, or in love, is
translated as **tener éxito en**:

**Tuvo mucho éxito en su carrera.**
He had a very successful career.
**Espero que tengas mucho éxito en tu matrimonio.**
I hope your marriage is successful.

## Exercise 13

Link the two halves of the following statements with a
verb of succeeding or managing. Use past tense
forms, like **pudo / pudieron, logró / lograron** or
**consiguió / consiguieron** so they make good sense:

1 Durante los siglos XVI y XVII los conquistadores ...
2 En el siglo XV los españoles ...
3 En 1995 Miguel Induráin ...
4 Mientras estuvo apresado por los moros, Cervantes ...
5 En 1981 el Rey Juan Carlos ...
6 En el año 711 los moros invadieron España y ...
7 Aníbal con su ejército y elefantes ...
8 Cristobal Colón ...
9 En julio de 1995 Arantxa Sanchez-Vicario no ...
10 La democracia española ...

A ganar la final de tenis de Wimbledon.
B colonizar las Américas.
C ganar su quinto Tour de Francia.
D atravesar los Pirineos.
E sobrevivir el golpe militar.
F escaparse repetidas veces.
G obtener el apoyo de los Reyes Católicos.
H reconquistar la Península.
I disuadir al ejército de apoyar el golpe.
J conquistar casi toda la Península.

## 5 HOW TO SAY 'TO DO SOMETHING AGAIN'

Spanish can use the phrases **'de nuevo'** or **'otra vez'** to mean 'to do something again', but there is also a very useful structure **volver a** + infinitive:

**Dalí nunca volvió a salir de Cadaqués.**
Dali never left Cadaques again.
**No vuelvas a pedirme dinero.**
Do not ask me for money again.
**Volvimos a vernos anoche.**
We met again last night.

### Exercise 14

Express these repeated actions by using **volver a** + infinitive. For example:

Salió mal otra vez en los exámenes.
Volvió a salir mal en los exámenes.

1 Salieron de nuevo para la oficina.
2 Hizo lo mismo otra vez.
3 Empezamos a trabajar de nuevo.
4 Pon el disco otra vez.
5 Tocaron la pieza otra vez.
6 Jugamos al ajedrez de nuevo.
7 Compraron demasiada comida otra vez.
8 ¿Estudiaste otra vez el texto?
9 ¿Pusiste la carta en el buzón otra vez?
10 Nunca más tomé leche.

**2**

'To try to do something' is usually **tratar de** + infinitive, but **intentar** + infinitive, and **procurar** + infinitive are also possible.

**Intentamos solucionar el problema.**
We tried to solve the problem.
**Procura llegar temprano.**
Try to arrive early.

'To try out' is **probar (un coche nuevo)**, and the same verb is used for food and drink **(probar un vino)**. 'To try on' is **probarse (ropa, zapatos)**. 'To have a try' is also **probar** or **intentar**. 'To try one's best' is **esforzarse (mucho)**.

## Exercise 15

Translate the following sentences into Spanish:
1 Try to remember my telephone number.
2 We tried many different wines.
3 She tried on six pairs of shoes.
4 He tried his best, but failed the interview.
5 It's not difficult – have a try!
6 Why don't you try to sell it?
7 The tie he tried on was very expensive.
8 The class must try harder.
9 Don't try to fool the policeman.
10 Who is going to try to win the race?

*La Molina – Pirineo catalán*

**La Molina es la estación invernal tradicional de los catalanes, de donde han surgido varias generaciones de esquiadores. Su pista más larga comienza a 2.537 metros de altitud y termina a 1.700 metros, frente a la parada del autobús.**

SITUACIÓN **En el Pirineo oriental a 8 kilómetros de Alp y a 140 de Gerona.**

ACCESOS **Desde Barcelona por la carretera N-152 de Vic o por la N-1.411, a través del túnel del Cadí.**

PISTAS **Preparadas con máquinas pisapistas. Hay que destacar las excelentes condiciones técnicas de sus pistas. Bastan unos centímetros de nieve para que puedan ser plenamente utilizadas. Muchas de estas pistas son aptas tanto para el simple aficionado como para el esquiador de competición.**

PISTA DE DESCENSO OLÍMPICO **En perfectas condiciones durante cinco meses del año; 3.700 metros de longitud; 100 metros de anchura máxima y 30 metros mínima; 837 metros de desnivel. Pista apta para competiciones internacionales de máxima categoría.**

SERVICIOS **La Molina dispone, junto con los servicios técnicos necesarios para la enseñanza del esquí, de guardería infantil, alquiler de esquís, venta de artículos deportivos, servicio religioso los domingos, servicio médico, cine, salas de fiesta, aparcamiento y gasolinera. Temporada óptima de diciembre a abril.**

LO MEJOR **Nieve artificial todo el tiempo; amplia oferta de atractivos hoteles y restaurantes en el valle de Cerdenya; vecindad de la estación invernal de Masella y proximidad con otras estaciones del Pirineo; buena comunicación con el ferrocarril de Barcelona.**

LO PEOR **Largas colas los fines de semana y festivos en general; problemas de aparcamiento; incompatibilidad en los pases entre La Molina y Masella, a pesar de que las pistas se comunican.**

INFORMACIÓN **Centro Invernal del Valle de la Molina. Alp (Gerona). Teléfono 89 21 61.**

## VOCABULARY

| | |
|---|---|
| **estación invernal, f.** | winter resort |
| **surgido (surgir)** | emerged |
| **esquiador, m.** | skier |
| **pista, f.** | piste, ski slope |
| **máquina pisapistas, f.** | snow levelling machine |
| **destacar** | to highlight |
| **bastar** | to be enough |
| **plenamente** | fully |
| **apta** | suitable |
| **aficionado, m.** | amateur |
| **remonte, m.** | ski lift |
| **longitud, f.** | length |
| **anchura, f.** | width |
| **desnivel, m.** | the fall, incline |
| **temporada, f.** | season, period |
| **óptimo** | best |
| **disponer de** | to have (facilities) |
| **enseñanza, f.** | teaching |
| **guardería infantil, f.** | child care |
| **alquiler de esquís, m.** | ski hire |
| **venta, f.** | sale |
| **artículo deportivo, m.** | sports item |
| **sala de fiesta, f.** | party room |
| **gasolinera, f.** | petrol station |
| **pase, m.** | ski pass (document) |

## Exercise 16

Answer the following questions in Spanish:

1 ¿A qué distancia está la Molina de la costa?
2 ¿Cómo se llama la ciudad más cercana?
3 ¿Cómo se puede llegar a la Molina desde Barcelona?
4 ¿Qué medios se utilizan para preparar las pistas?
5 ¿Qué categoría de esquiadores puede utilizar las pistas de la Molina?
6 ¿Cuáles son los mejores meses del año para esquiar en la Molina?
7 ¿Qué servicios ofrece la Molina a los motoristas?
8 ¿Cuándo se puede disponer de nieve artificial?
9 ¿Cuál es la desventaja de esquiar en la Molina los fines de semana?
10 ¿Qué debería existir entre la Molina y Masella dado que las pistas se comunican?

2

# Lesson 3

You will read about:
- Andalusia
- Seville, Cordoba and Granada
- Flamenco

You will study:
- the use of the subjunctive with expressions of emotion and probability

## ANDALUCÍA

Con casi una sexta parte del área total del país, Andalucía es la región más grande de España y la más poblada. Situada en la parte sur de la Península, es una extensa llanura bañada por el Guadalquivir, el 'río grande' de los árabes, que los romanos llamaron Betis. Es una región caracterizada por su diversidad física y marcados contrastes: nieves perpetuas en la Sierra Nevada y altas temperaturas en Sevilla en el verano; la precipitación promedio más alta de Europa Occidental en las marismas de Doñana y el área más seca de Europa en Almería; grandes centros de población y turismo en la costa y extensas áreas despobladas en el interior.

En Andalucía se distinguen cuatro regiones:

La Sierra Morena, que sirve de límite con la altiplanicie castellana y ocupa parte de las provincias de Huelva, Sevilla, Córdoba y Jaén. Es una región tradicionalmente minera, rica en plomo, hulla y cobre.

La depresión bética, que se extiende a lo largo de las riberas del Guadalquivir y que ha sido la ruta de acceso de las muchas civilizaciones que se han asentado en la Península. Es un área muy fértil que

---

¿Sabía Ud. que...?

- Una raíz común en topónimos del sur de Andalucía y otras regiones del sur y centro de España es 'Guadi', del árabe 'wadi', que significa 'río'.

- A pesar de los ocho siglos de ocupación musulmana, el árabe nunca se impuso en España.

- Se dice que el dialecto Andaluz dio origen al habla hispanoamericana.

comprende las campiñas de Jaén, Córdoba y Sevilla y termina en Doñana, el mayor parque natural de Europa, donde el estuario del Guadalquivir crea marismas que dan refugio a una fauna muy rica y variada.

Las cordilleras béticas, en la parte sudoriental de Andalucía, que corren paralelas al mar y ocupan la mayor parte de la región. Contienen varias sierras entre las que sobresalen las Serranía de Ronda, la de Alpujarra y la Sierra Nevada; en ésta última se encuentran los picos más altos de la Península Ibérica.

Y finalmente la costa, con sus 812 kilómetros sobre el Atlántico y el Mediterráneo, ofrece en su Costa de la Luz, Costa del Sol, Costa Tropical y Costa de Almería el mayor atractivo turístico de Europa.

Andalucía es también la región agrícola más importante de España y la segunda en la cría de animales. Además de los cultivos mediterráneos tradicionales (aceitunas, cereales y viñedos), se producen arroz, algodón, frutas cítricas y frutas tropicales.

Andalucía tiene importantes centros de población entre los que se destacan Sevilla, Granada, Córdoba, Cádiz, Jaén, Huelva, Málaga y Almería, cada una de las cuales brinda atractivos especiales, ya sean turísticos o culturales.

La región contiene importantes muestras artísticas y culturales que se remontan a los orígenes de la civilización europea: pinturas prehistóricas rupestres, restos de la civilización de bronce, vestigios fenicios, griegos y cartagineses; la bética de los romanos fue la región más avanzada de la Hispania, lo cual se evidencia en las innumerables ruinas de ciudades y en el sistema de regadío; luego vinieron las invasiones visigodas, que trajeron destrucción, pero también mucha influencia artística. Sin embargo, fue la prolongada ocupación musulmana (siglos VIII al XV), la que dio a la región, conocida entonces como Al-Andalús, la rica mezcla de cultura hispano-árabe que la convirtió en el principal centro creador del mundo de la época. Ejemplos supremos de esta innovadora mezcla son la mezquita de Córdoba, la Giralda de Sevilla, y la Alhambra y el Generalife de Granada.

La vitalidad creadora del la cultura hispano-árabe no terminó con el fin del imperio árabe en España, sino que continuó durante el Renacimiento y el Barroco, manifestándose principalmente en la arquitectura y la escultura, pero también en la pintura de artistas como Velázquez y en las obras de escritores como fray Luis de Granada y Luis de Góngora.

Esta influencia se nota aún en los siglos XIX y XX, que han producido nombres famosos como Manuel de Falla, Pablo Picasso y una larga lista de escritores como Gustavo Adolfo Bécquer, Juan Valera, Pedro Antonio de Alarcón, Manuel y Antonio Machado, Juan Ramón Jiménez; Alberti, García Lorca...

Andalucía también posee una cultura popular en la que sobresalen el flamenco, con su conocidos baile, cadencia y cante; las procesiones y las romerías de Semana Santa, saturadas de color y populismo religioso; el dialecto andaluz, con su música y variedad de matices; y su gastronomía, que han legado al mundo el gazpacho, el jamón de Jabugo y los vinos de Jerez.

## VOCABULARY

| | |
|---|---|
| **raíz, f.** | root, stem |
| **topónimo, m.** | place name |
| **se impuso** (imponerse) | got established |
| **precipitación, f.** | rainfall, precipitation |
| **promedio, m.** | average |
| **marisma, f.** | marsh |
| **despoblada** | unpopulated |
| **plomo, m.** | lead |
| **hulla, f.** | coal |
| **cobre, m.** | copper |
| **ribera, f.** | (river) bank |
| **se han asentado** (asentarse) | have established themselves |
| **campiña, f.** | countryside |
| **estuario, m.** | estuary, delta |
| **sierra, f.** | mountain range |
| **serranía, f.** | mountain range |
| **pico, m.** | peak, height |

| | |
|---|---|
| **agrícola** | agricultural |
| **cría de animales, f.** | animal husbandry |
| **viñedo, m.** | vineyard |
| **se remontan (remontarse)** | date from |
| **rupestre** | rupestrian, rock (adj.) |
| **regadío, m.** | irrigation |
| **luego** | later |
| **mezcla, f.** | blend, mixture |
| **sobresalen (sobresalir)** | stand out |
| **cadencia, f.** | cadence, rhythm |
| **cante, m.** | singing |
| **romería, f.** | pilgrimage |
| **matiz, m.** | nuance |

**3**

## Exercise 17

Rewrite these sentences replacing the words underlined with an appropriate expression from the list provided and changing the form of other words, if necessary.

**culturas, literatos, promedio de lluvia, cimas, área, establecieron, regada, son manifestaciones, árabe, reserva**

1 Andalucía es la <u>región</u> más grande de España.

2 Doñana es un <u>parque</u> natural.

3 Es una altiplanicie <u>bañada</u> por el Guadalquivir.

4 Andalucía tiene la <u>precipitación</u> <u>promedio</u> más alta de Europa.

5 Muchas civilizaciones se <u>asentaron</u> el la Península.

6 La Sierra Nevada tiene los <u>picos</u> más altos de la Península.

7 En Andalucía hay vestigios de muchas <u>civilizaciones</u>.

8 La ocupación <u>musulmana</u> de España duró ocho siglos.

9 Andalucía ha producido muchos <u>escritores</u>.

10 Las procesiones y romerías de Semana Santa <u>tienen</u> <u>mucho</u> <u>color</u> y <u>populismo</u> religiosos.

## SEVILLA: FABULOSA E HISTÓRICA

Las raíces de Sevilla se remontan al siglo IV a.C. con los avanzados, pero misteriosos Tartesios, en cuyas ruinas los romanos construyeron una ciudad a la que llamaron Híspalis, vocablo de origen fenicio o celtíbero del que se dice que se deriva la palabra Hispania, nombre que los romanos dieron a la Península. A los romanos sucedieron los visigodos y a éstos los árabes, quienes restauraron la belleza y esplendor de Izvila (de donde se deriva el nombre moderno de la ciudad) con edificaciones como la Giralda, el imponente minarete originalmente coronado con cuatro manzanas doradas, construido en 1198. Después de la reconquista de la ciudad por Fernando II se completó la torre con veinticinco campanas y una enorme estatua de la Fe, la cual sirve de veleta, y a la que se conoce localmente como 'Giraldilla', de donde se deriva el nombre de la Giralda.

La ciudad llegó a la cúspide de su esplendor durante los siglos XVI y XVII, cuando tenía el monopolio del comercio con las colonias americanas y se convirtió en el puerto más importante y rico del mundo. De esta época data la fama de la Torre del Oro, construida en 1220 como torre de defensa en la margen izquierda del Guadalquivir. Se dice que cuando Sevilla administraba las colonias americanas, la torre se usó para almacenar las inmensas cantidades de oro provenientes del Nuevo Mundo. De ahí su nombre. Otros opinan que el nombre probablemente sea una referencia a los azulejos dorados que la cubrían.

Sevilla posee la catedral más grande de España y la tercera en el mundo cristiano, después de las de San Pedro en Roma y la de San Pablo en Londres. La catedral de Sevilla fue erigida sobre las ruinas de la mezquita mayor de la ciudad, derrumbada en el siglo XII con este propósito; guarda los restos de Cristóbal Colón y una excelente colección de pinturas de Murillo, Zurbarán y Goya.

Sevilla es la ciudad donde tiene lugar la historia de Carmen (principal personaje de la ópera de Bizet) y es famosa por sus finos jardines y típicos barrios, que le dan un colorido y una vida únicos. También conocidas son las celebraciones de Semana Santa, con sus cofradías y procesiones, y la feria de abril, con sus famosas flores, casetas e iluminaciones.

Sevilla ha producido muchas eminencias culturales y artísticas entre las cuales descuellan Antonio Nebrija, quien escribió la primera gramática española; Bécquer, el gran poeta romántico; Antonio Machado, poeta; y los pintores Diego Velázquez y Bartolomé Esteban Murillo. En una de sus cárceles Miguel de Cervantes concibió las aventuras de Don Quijote.

## VOCABULARY

| | |
|---|---|
| **fenicio** | Phoenician |
| **celtíbero, m.** | Celto-Iberian |
| **minarete, m.** | minaret |
| **veleta, f.** | weather vane |
| **cúspide, f.** | height, pinnacle |
| **esplendor, m.** | splendour, grandeur |
| **margen, f.** | (river) bank |
| **almacenar** | to store, to stock |
| **proveniente** | coming from |
| **azulejo, m.** | (ornamental) glazed tile |
| **erigida (erigir)** | erected |
| **derrumbada (derrumbar)** | pulled down |
| **restos, m.** | remains |
| **cofradía, f.** | brotherhood |
| **caseta, f.** | temporary hut |
| **descuellan (descollar)** | stand out |
| **cárcel, f.** | prison |

## Exercise 18

Complete the following statements with the appropriate word:

**tumba, próspera, defensa, encarcelado, ambiente, gramático, luces, estatua, se desarrolla, Izvila**

1 … fue el nombre que los árabes le dieron a Híspalis.
2 Giraldilla es el nombre de una … .
3 La Torre del Oro se construyó originalmente para la … de Sevilla.
4 Sevilla era una ciudad … en los siglos XVI y XVII.
5 La … de Cristóbal Colón se encuentra en la catedral de Sevilla.
6 Los jardines y barrios le dan a Sevilla un … único.
7 'Carmen', la ópera de Bizet … en Sevilla.
8 Para la feria de abril, Sevilla se cubre de … .
9 Antonio Nebrija fue el primer … español.
10 Miguel de Cervantes estuvo … en Sevilla.

## CÓRDOBA, CIUDAD DEL ESPÍRITU

Fundada sobre una antigua ciudad celtíbera, Córdoba fue construida hacia el año 152 a.C. como capital de la provincia romana Hispania Ulterior. Estuvo por un corto tiempo en manos de los visigodos y entre los siglos VIII y XI fue la capital de la España musulmana y corte de los califas de occidente. Los musulmanes fomentaron el desarrollo de una gran cultura basada en el arte y la ciencia, en la que se integraron las tradiciones cristiana, judía y musulmana. Fue reconquistada por Fernando II en 1236 y dos siglos después se convirtió en la base desde donde los Reyes Católicos ingeniaron y dirigieron el sitio de Granada.

Córdoba es famosa tanto en el mundo musulmán como en el mundo cristiano por la mezquita, su principal monumento. Es una construcción única en su género – el símbolo de esplendor del califato – concebida como 'aljama', lugar de oración y reuniones. Empezó a construirse sobre las bases de una iglesia visigótica por orden de Abderramán I en el siglo VIII; fue continuada bajo los reinados de Abderramán II y Alhakam III, y terminada a finales del siglo X bajo Almanzor.

Al ser conquistada Córdoba, la mezquita fue consagrada como catedral y dos siglos más tarde en su centro, por orden de los Reyes Católicos, se construyó una capilla. Durante el reinado de Carlos V se iniciaron obras de ampliación de la capilla que duraron doscientos cuarenta y tres años, lo que explica la combinación de formas arquitectónicas – ojivales, platerescas, herrerianas y barrocas – que se conjugan en harmonía y gran belleza. El exterior de la mezquita, con su aspecto de fortaleza, no revela la belleza de su interior: sus 19 arcos de herradura, correspondientes a las 19 naves de la mezquita, semejan un bosque de columnas y arcos pintados de rayas blancas y rojas donde la mirada se pierde.

La variedad de estilos presente en la mezquita también se ve reflejada en las calles de la ciudad, donde se encuentran iglesias góticas con torres mudéjares, casas con fachadas platerescas, palacios renacentistas y la única sinagoga que sobrevivió en Andalucía.

Córdoba ha producido una cosecha de figuras famosas entre las cuales se cuentan: Séneca, el filósofo; Lucano, el poeta; Maimónides, el gran filósofo judío; Averroes, el gran filósofo y médico musulmán; el poeta Luis de Góngora; el Duque de Rivas, poeta y dramaturgo; y el pintor Julio Romero de Torres.

## VOCABULARY

| | |
|---|---|
| **califa, m.** | Caliph |
| **reconquistada** | recaptured |
| **ingeniaron (ingeniar)** | contrived |
| **oración, f.** | prayer |
| **bases, f.** | foundations |
| **reinado, m.** | reign |
| **ojivales** | ogival |
| **platerescas** | plateresque |

| | |
|---|---|
| **herrerianas** | herrerian (from Herrera, famous Spanish architect) |
| **se conjugan (conjugarse)** | blend together |
| **fortaleza, f.** | fortress |
| **arco (m.) de herradura, f.** | horseshoe arch |
| **nave, f.** | nave |
| **semejan (semejar)** | resemble |
| **bosque, m.** | woods, forest |
| **cosecha, f.** | crop |

3

## Exercise 19

State whether each of the following statements is true (**verdadero**) or false (**falso**):

1  Córdoba fue construida en el siglo II.
2  Córdoba fue el centro principal del gobierno musulmán en España.
3  Los musulmanes impusieron su cultura por toda España.
4  La construcción de la mezquita de Córdoba duró más de dos siglos.
5  Los Reyes Católicos conservaron la mezquita intacta.
6  La capilla central muestra una variedad de estilos arquitectónicos.
7  Carlos V no vio terminada la capilla central.
8  El arte mudéjar se nota en las torres.
9  Hay sólo una sinagoga en Córdoba.
10  El plateresco se refiere a ornamentos de plata.

## GRANADA, CIUDAD POÉTICA

Granada se encuentra enclavada en medio de una región de gran belleza natural, clima seco y benigno, y cielos despejados. Hacia el sudeste se levanta la Sierra Nevada, con sus nieves perpetuas, y hacia el sudoeste la vista se deleita con la maravillosa vega granadina y una franja continua de vegetación tropical. Granada es una mezcla exquisita, mitad árabe, mitad cristiana, que a lo largo de su historia ha sabido conservar sus características únicas y su rica herencia mixta.

La ciudad ganó prominencia con la difusión del Cristianismo, cuando se convirtió en obispado. En el siglo VIII fue anexada al Califato de Córdoba y en el siglo XI declaró su independencia y se convirtió en reino de Taifa, siendo poco después ocupada por los almorávides y almohades que llegaron del norte de Africa.

Recuperó su independencia en 1238 bajo Alhamar, primer rey de la dinastía Nazarita, quien la convirtió en el centro de su reino, el último de la dominación musulmana de España. Alhamar y sus descendientes lograron resistir por dos siglos el sitio de las fuerzas cristianas hasta 1492 cuando Boabdil abdicó y se rindió a los Reyes Católicos. A pesar del prolongado sitio, Granada creció y prosperó durante este tiempo, desarrolló su comercio con otras áreas del Mediterráneo y se convirtió en un refugio donde florecieron las artes, las letras y las ciencias.

Los Reyes Católicos establecieron en Granada un centro administrativo y un cuartel militar, y empezaron el proceso de asimilación de la población, que duró mucho tiempo. También por orden real se iniciaron obras monumentales que continuaron bajo el reinado de Carlos V y entre las que se destacan un palacio y la iglesia de Santa María.

Granada es una ciudad de encantos dominada por la Alhambra, construida sobre una colina roja (Al-Hamra), de donde toma su nombre. La Alhambra es la expresión genuina de la cultura Nazarí transplantada a Granada. En su ventajosa posición, con la vista abierta a los cuatro puntos cardinales, radica la esencia de esta arquitectura monumental, clasificada como una de las maravillas del

**3**

mundo. El conjunto está formado por edificaciones militares, administrativas, palatinas y religiosas totalmente rodeadas de murallas y torres.

Otra joya de Granada es el Generalife ('el jardín del arquitecto'), que fue la residencia de recreo y descanso de los reyes nazaritas, desde donde se divisa el panorama de la ciudad, con la Alhambra en primer plano. Con su estructura en terrazas, sus estanques, fuentes y surtidores, el Generalife es una magnífica muestra del jardín hispano-árabe. No es de extrañar que, junto con la Alhambra, el Generalife haya sido designado Patrimonio Cultural de la Humanidad.

## VOCABULARY

| | |
|---|---|
| **enclavada** | set, located |
| **despejado** | clear, cloudless |
| **se levanta (levantarse)** | rises |
| **vista, f.** | eyes, sight |
| **se deleita con (deleitarse)** | enjoys, delights in |
| **vega, f.** | fertile plain, meadows |
| **franja, f.** | strip (of land) |
| **herencia, f.** | inheritance |
| **obispado, m.** | bishopric |
| **sitio, m.** | siege |
| **se rindió (rendirse)** | surrendered |
| **cuartel, m.** | barracks |
| **encanto, m.** | charm, enchantment |
| **colina, f.** | hill |
| **ventajosa** | advantageous |
| **punto cardinal, m.** | cardinal point |
| **conjunto, m.** | set, complex |
| **palatina** | palatial, palatine |
| **terraza, f.** | terrace |
| **estanque, m.** | pond |
| **fuente, f.** | fountain |
| **surtidor, m.** | water jet, sprinkler |

## Exercise 20

Answer the following questions fully in Spanish:

1  ¿Cómo es el clima de Granada?
2  ¿En qué dirección se ven nieves perpetuas?
3  ¿Por qué se dice que Granada es una herencia mixta?
4  ¿Cuánto tiempo duró el sitio de Granada?
5  ¿En qué época fue Granada un reino de Taifa?
6  ¿Qué significa Alhambra?
7  ¿Qué uso tuvieron las edificaciones que forman la Alhambra?
8  ¿Cuál es el mejor ejemplo del jardín hispano-árabe?
9  ¿Cuál fue el propósito del Generalife?
10  ¿Quién fue el último rey musulmán en España?

3

## Feature

### EL FLAMENCO

La música, el baile y el canto que caracterizan al flamenco son de origen antiguo. Ya en tiempos de Adriano, las bailarinas gaditanas tenían mucha fama en Roma. Pero los primeros intentos del flamenco como hoy se conoce datan del siglo XVIII, cuando en 1783 Carlos III decide liberar a los gitanos de las persecuciones de que habían sido objeto desde su llegada a España tres siglos antes.

Pero el flamenco se había desarrollado lentamente por muchos años al margen de la sociedad, en los núcleos familiares que habitaban el territorio que queda entre Cádiz y Sevilla. Para ese entonces el flamenco había absorbido diversas influencias: bizantina, árabe, judía y propiamente andaluza. Los 'tablaos' mismos aparecieron en Sevilla en 1842 y con el tiempo se difundieron por el resto de Andalucía, Madrid, Barcelona, Bilbao y después por el resto de Europa y el mundo entero.

El flamenco tiene muchas formas como las primitivas 'tonás', 'seguiriyas' y 'soleares'. Las suaves 'bulerías' y 'alegrías' contrastan con la seriedad de los 'fandangos' y el 'cante jondo'. Otros cantes no propiamente gitanos como las 'malagueñas', 'sevillanas' y 'rumbas' usan elementos del flamenco. También son populares las 'saetas', alusivas a la pasión de Cristo o a los dolores de la Virgen.

El texto y melodía del cante, así como el baile, pueden ser improvisaciones dentro de ritmos característicos y acordes tradicionales. El baile se caracteriza por el 'zapateado' o 'taconeo', que incluye una serie de pasos intrincados en los que el 'bailaor' marca el ritmo con las puntas y el tacón de los zapatos. El baile de las mujeres se basa en delicados y elegantes movimientos del cuerpo y de las manos. El zapateo y el cante normalmente se acompañan de rítmicos aplausos y gritos. Desde el siglo XIX la guitarra ha proporcionado el acompañamiento que hoy caracteriza al flamenco.

## VOCABULARY

| | |
|---|---|
| **gaditanas** | from Cadiz |
| **gitano, m.** | gypsy |
| **de que habían sido objeto** | which they had been subjected to |
| **lentamente** | slowly |
| **para ese entonces** | by then |
| **tablao, m.** | place where flamenco is performed |
| **alusiva** | allusive, referring to |
| **zapateado, m.** | tap dance |
| **taconeo, m.** | tap dance |
| **intrincado** | intricate |
| **bailaor, m.** | flamenco dancer |
| **tacón, m.** | heel (of shoe) |

## Exercise 21

State whether each of the following statements is true (**verdadero**) or false (**falso**):

1 El flamenco se originó en Roma.
2 A su llegada a España, los gitanos fueron bienvenidos.
3 El flamenco moderno data del siglo XVIII.
4 La cuna del flamenco está en Andalucía.
5 El flamenco es una mezcla de varias influencias.
6 Un 'tablao' es un lugar donde se baila y canta flamenco.
7 La 'malagueña' y la 'rumba' son variedades de flamenco.
8 El flamenco es siempre una improvisación.
9 El baile de los hombres no es tan rítmico como el de las mujeres.
10 La guitarra siempre ha sido el instrumento con que se acompaña el flamenco.

## 7 USES OF THE SUBJUNCTIVE WITH EXPRESSIONS OF EMOTION

The subjunctive mood is used with expressions of emotion (anger, fear, joy, hope, pity, shame, sorrow, surprise, etc.), or evaluation (when the speaker expresses a personal opinion about something). Consider, for example, the statement:

**La Alhambra es bellísima.**

This can be rendered in indirect speech:

**Dicen que la Alhambra es bellísima.**
They say that the Alhambra is most beautiful.

Or expressed as an opinion:

**Creo que la Alhambra es bellísima.**
I think the Alhambra is most beautiful.

Or even stressed as a certainty:

**Es verdad/cierto que la Alhambra es bellísima.**
It's true/certain that the Alhambra is most beautiful.

But the moment the speaker expresses a higher degree of uncertainty, or expresses an emotional response or an evaluation, the subjunctive is required. For example:

**No me sorprende que la Alhambra sea tan bella.**
I am not surprised that the Alhambra is so beautiful.
**Sería raro que la Alhambra no fuera bellísima.**
It would be strange if the Alhambra were not beautiful.

Study these examples:

**Siento que tengas que irte.**
I'm sorry you have to go.
**Me gustó que tuvieras tanto éxito.**
I was pleased you were so successful.
**Temen que el ladrón vuelva.**
They're afraid the thief may return.
**Me irritó que María no hubiera venido.**
I was annoyed María hadn't come.
**Me sorprende que quieran verme.**
I'm surprised they want to see me.

and

**Es mejor que vuelvas a casa solo.**
It's best you return home alone.
**Fue buena idea que tú escribieras la carta.**
It was a good idea that you wrote the letter.
**¿Importa que ella esté allí?**
Is it important that she is there?
**Era justo que él ganase.**
It was fair that he won.
**Es hora de que salga el tren.**
It's time the train left.
**Fue inútil que pidiésemos hablar con el gerente.**
It was useless to request to speak to the manager.

**Basta que declaren dos testigos.**
It's enough that two witnesses testify.
**Fue raro que lo hiciese así.**
It was strange he did it that way.
**Es vergonzoso que bebas tanto.**
It's shameful you drink so much.
**¿Te parece aceptable que me quede?**
Do you think it is acceptable that I stay?

N.B. Notice the use of the infinitive in the following
sentences:

**Lamento decirte esto.**
I'm sorry to tell you this.
**Estamos contentos de verte.**
We're glad to see you.
**Tiene miedo de ir sola.**
She's afraid to go alone.

## 8 USE OF THE SUBJUNCTIVE WITH EXPRESSIONS OF PROBABILITY

The following expressions are always followed by the
subjunctive:

**Es probable que el nombre se refiera a los azulejos.**
It's probable that the name refers to the tiles.
**Es improbable que ganes el premio.**
You're unlikely to win the prize.
**Es posible que sea verdad.**
It may be the truth.
**Puede que ella nos invite.**
She may invite us.
**Existe la posibilidad de que sea así.**
There's a chance it may be so.

But with the various words which mean 'perhaps', the
use of the subjunctive depends on the degree of
improbability implied. Compare:

**Quizá(s) viene tarde.**
Maybe he'll come late.
**Quizá(s) venga tarde.**
Perhaps (though very unlikely) he'll come late.

With the indicative, a greater degree of likelihood is implied than with the subjunctive. Compare:

**Acaso sea mejor así.**
Maybe it's better this way.
**Acaso es mejor así.**
It's probably better his way
**Tal vez lo encuentras en casa.**
Perhaps you'll find it at home.
**Tal vez lo encuentres en casa.**
Perhaps you may find it at home.
**A lo mejor ya está desocupado.**
He may now be free.
**A lo mejor ya esté desocupado.**
He might now be free.

## Exercise 22

Put the infinitive in brackets into the correct verb form:

1 Es ridículo que nosotros (quedarse) solos.
2 Está triste de que su padre no (haber) querido asistir a su boda.
3 Daba vergüenza que ella (comportarse) así.
4 Me alegro de que Juan nos (haber) pedido ayuda.
5 Parece raro que ellos (tardar) tanto en volver.
6 Estaban sorprendidos de que nosotros (haber) llegado tan tarde.
7 ¿Te parece justo que Pedro (haber) heredado todo?
8 Se extrañaron de que nosotros (reírse) tanto.
9 ¿Te duele que Alberto no te (escribir)?
10 Es absurdo que tus padres no te (permitir) salir de noche.

## Exercise 23

Unscramble the following sentences:

1 temprano hijo posible que mi es salga.
2 contenta prestara el que de Juana libro estaba Miguel le.
3 una que enfermos estén lástima es todos.
4 ¿que parece te sirva bien yo mediador de?
5 entendido parece que hayas imposible me no.
6 reconozca raro que no es te.
7 mal molesta hables padres me sus que de.
8 se nuevo que increíble encontraran de fue.
9 fuera pronto se mucho que tan sentimos.
10 tanto quisiera natural lo era que.

3

### LISTENING PRACTICE

*La huella árabe en España*

**La invasión musulmana de la Península Ibérica en 711 y los ocho siglos de ocupación que siguieron, dejaron marcas indelebles en España y Europa. La convivencia entre las dos culturas hizo posible que cristianos vivieran entre árabes (mozárabes) y árabes entre cristianos (mudéjares) en tolerancia religiosa. Esto produjo una cultura floreciente cuyo rasgo más característico fue la adopción de la filosofía clásica.**

**Después del establecimiento del Califato de Córdoba los califas fomentaron el desarrollo de una vida cultural intensa en la que se conjugaron las tradiciones clásica, cristiana, musulmana y judía. Esto atrajo a los filósofos, poetas, médicos, astrónomos, historiadores y matemáticos más famosos de la época a las bibliotecas, universidades, sinagogas y mezquitas, donde se llevaban a cabo debates de gran valor intelectual y cultural. Famosa entre todas las instituciones fue la Escuela de Traductores de Toledo, patrocinada por**

Alfonso X, responsable de la preservación y difusión de las mejores ideas y obras de las civilizaciones griega, judía y árabe, las cuales enriquecieron la cultura europea.

Un efecto más palpable de la influencia musulmana en España se nota en la arquitectura, que dejó obras tan importantes como la mezquita de Córdoba, la Alhambra y el Generalife de Granada, la Giralda y el Alcázar de Sevilla y los magníficos palacios-jardines, manifestaciones todas de una cultura creadora y de altas dotes estéticas.

La lengua árabe, aunque no se impuso en la Península a pesar de la larga ocupación, legó unos centenares de palabras al español, reemplazando vocablos latinos y castellanos. Muchos de estos vocablos, como alcohol, álcali, elíxir, álgebra, jazmín, tarifa, emir y arsenal han pasado a otras lenguas casi intactas; otras como algodón, azafrán, azúcar, alcachofa, arroz, azufre, alumbre se han adaptado a otras lenguas. Además de innumerables topónimos como Guadarrama (río arenoso), Guadalajara (río pedregoso), Albacete (la llanura), Alcalá (el castillo), Alcántara (el puente) y Algeciras (las islas), el español heredó palabras de uso diario como jarra, taza, zanahoria, ojalá, azucena, almohada, aldea, alcantarilla, alcoba, alfarero, almíbar, alfiler, almacén, ataúd, jinete ...

## VOCABULARY

| | | | |
|---|---|---|---|
| **huella, f.** | trace, imprint | **enriquecieron** | enriched |
| **indeleble** | indelible | **(enriquecer)** | |
| **convivencia, f.** | co-existence | **algodón, m.** | cotton |
| **floreciente** | flourishing | **azafrán, m.** | saffron |
| **rasgo, m.** | feature | **azúcar, m.** | sugar |
| **fomentaron** | encouraged | **(f. Latin America)** | |
| **(fomentar)** | | **alcachofa, f.** | artichoke |
| **traductor, m.** | translator | **arroz, m.** | rice |
| **patrocinada** | sponsored | **azufre, m.** | sulphur |

| | | | |
|---|---|---|---|
| **alumbre, m.** | alum | **alcantarilla, f.** | sewer |
| **jarra, f.** | jug | **alcoba, f.** | bedroom |
| **taza, f.** | cup | **alfarero, m.** | potter |
| **zanahoria, f.** | carrot | **almíbar, m.** | syrup |
| **ojalá** | let's hope… | **alfiler, m.** | pin |
| **azucena, f.** | water lily | **almacén, m.** | store, shop |
| **almohada, f.** | pillow | **ataúd, m.** | coffin |
| **aldea, f.** | village | **jinete, m.** | horse rider |

## Exercise 24

Answer the following questions in Spanish:

1 What is a mozarab?

2 Which was the most prominent feature of the hispano-arabic culture?

3 Which cultures blended together under the Caliphs?

4 Who sponsored the Toledo School of Translators?

5 What was the school's main contribution to Spanish culture?

6 What do the Alhambra, the mosque of Cordoba and other monuments give evidence of?

7 What is the contribution of the Arabic language to Spanish culture?

8 What is one of the commonest Arabic roots in Spanish place names?

9 What does it mean?

10 How do you think 'Alcántara' and 'alcantarilla' are related?

# Lesson 4

*You will read about:*
- the Basque country
- Picasso's *Guernica*
- Two famous Basques – Induráin and Loyola

*You will study:*
- the use of the infinitive in various contexts
- the infinitive after some prepositions

## EL PAÍS VASCO

El País Vasco es una región aislada por su accidentada geografía. Por esta razón sus habitantes lograron conservar a lo largo de los siglos la pureza de su raza, de sus costumbres y de su idioma. Caracterizan a esta región, además de los Montes Vascos, las costas abruptas, los cortos pero caudalosos ríos, las profundas entradas del mar en las desembocaduras fluviales, el clima oceánico y la abundancia de las lluvias.

Alava, con sus llanuras, se distingue por su riqueza agrícola; mientras Vizcaya y Guipúzcoa se destacan por su industrialización derivada en gran parte de las minas de hierro que dan empuje a la construcción naval y a las industrias ferroviaria, de maquinaria pesada, de productos químicos y alimenticios y de electrodomésticos.

### VOCABULARY

| | |
|---|---|
| **otorga (otorgar)** | confers |
| **a ciencia cierta** | with certainty |
| **entrada, f.** | inlet |
| **desembocadura, f.** | estuary |
| **fluviales** | pertaining to rivers |
| **se destacan (destacarse)** | stand out |
| **en gran parte** | to a large extent |
| **hierro, m.** | iron |
| **dan empuje a** | drive |
| **industria ferroviaria, f.** | railway industry |
| **alimenticios** | food (products) |

## LOS VASCOS DE CRO-MAGNON

Según un estudio estadounidense, no sólo no se carece de bases científicas para clasificar a los seres humanos en razas diferentes, sino que ese 'ejercicio fútil, por razones que ya tenía claras Darwin', no ha hecho más que demostrar que la diversidad genética, bioquímica y sanguínea entre individuos de una misma raza es aún mayor que la que existe entre razas aparentemente distintas.

Sin embargo, y partiendo de que el concepto de raza no parece ser más que un estereotipo cultural, resulta que los vascos poseen unas características especiales en diversos genes (que determinan, por ejemplo, el tipo de sangre y la morfología de la mandíbula) que no sólo les identifica como diferentes del resto de los europeos, sino que incluso los hacen únicos en el mundo entero.

Tales conclusiones no proceden de las especulaciones de ningún político o filósofo: están fundamentadas en un estudio científico por trazar el árbol genealógico de la humanidad: un estudio de 16 años por un equipo de la Universidad de Stanford, en los EE UU, dirigido por los profesores Luca Cavalli-Sforza, Paolo Menozzi y Alberto Piazza, que ha trazado el primer Atlas Genético de la Tierra.

Cavalli-Sforza descubre que en Europa hay cuatro poblaciones que están totalmente alejadas, en el mapa genético, de las del resto del continente: lapones, sardos, vascos e

---

*¿Sabía Ud. que ...?*

- *Un estudio norteamericano que niega la existencia de las razas tradicionales otorga a los vascos el privilegio de ser descendientes directos del hombre de Cro-Magnon, de la época paleolítica.*

- *El idioma vasco, el Euskera, es de origen desconocido. Algunos creen que es descendiente del ibero, otros que proviene de las lenguas caucásicas. Lo único que se sabe a ciencia cierta es que es más antiguo que las lenguas indoeuropeas.*

islandeses. De estos son los vascos los que
'probablemente descienden directamente de los
hombres de Cro-Magnon del Paleolítico Superior, los
primeros humanos modernos de Europa', mientras
que los otros tres proceden de ramas posteriores, ya
en el Neolítico.

El estudio parece indicar que los vascos 'son una
reliquia de la población del Paleolítico Superior. El flujo
genético de los pueblos que llegaron más tarde a la zona,
empezando en el Neolítico, no canceló completamente la
identidad vasca'.

## VOCABULARY

| | |
|---|---|
| **fútil** | trivial, pointless |
| **diversidad sanguínea, f.** | blood-type diversity |
| **resulta (resultar) que** | it emerges that |
| **tipo de sangre, m.** | blood type |
| **morfología, f.** | morphology, structure |
| **mandíbula, f.** | jaw |
| **no sólo** | not only |
| **político, m.** | politician |
| **trazado (trazar)** | outlined |
| **alejadas** | isolated |
| **lapón, m.** | Laplander |
| **sardo, m.** | Sardinian |
| **islandés, m.** | Icelander |
| **reliquia, f.** | vestige |
| **flujo, m.** | flow |

## Exercise 25

Complete the following statements with the appropriate word:

**Euskera, Euskadi, industrial, genéticamente, árbol, estereotipo, origen, Paleolítico, Neolítico, conservaron.**

1 Los habitantes del País Vasco ... su raza, costumbres e idioma por estar aislados.

2 El nombre vasco que incluye las provinciás de Alava, Vizcaya y Guipúzcoa es ... .

3 El País Vasco es una región más que todo ... .

4 Los vascos son ... singulares en todo el mundo por su tipo de sangre y su mandíbula.

5 El idioma vasco o vascuence también se conoce como ... , su nombre vasco.

6 El proyecto de la universidad de Stanford tiene como fin trazar el ... genealógico humano.

7 Se cree que los vascos son los únicos europeos que descienden del ... .

8 El ... del Euskera es desconocido.

9 Los lapones, sardos e islandeses proceden del ... .

10 La idea de raza es un ... cultural.

## Feature

### GUERNICA Y PICASSO

Aunque Pablo Picasso nació en Málaga y se desarrolló como artista en Barcelona y más tarde en París, su nombre se encuentra estrechamente ligado a la historia del País Vasco. Se le llamó 'el inmortal Picasso' porque con su pintura se ganó el derecho a ser recordado por mucho tiempo.

Poseedor de una vitalidad extraordinaria, Picasso trabajó con entusiasmo hasta los últimos días de su vida. Y como si se hubiera tomado a pecho lo de 'inmortal', el gran artista vivió nada menos que 92 años. Picasso es indudablemente el pintor español más conocido en el mundo entero. Su padre era pintor y desde pequeño Picasso empezó a seguirle los pasos, manifestando un talento excepcional para la pintura. A los 14 años se fue a vivir a Barcelona con su familia, donde encontró el ambiente ideal para desarrollar su talento. Ingresó a la escuela de Bellas Artes de Barcelona y a los 23 años de edad, en 1904, se fue a París. Allí conoció a todos los pintores famosos de la época y aunque la vida al principio le fue muy ardua, su talento lo llevó poco a poco por la ruta del éxito, hasta plasmar su cuadro más famoso, su obra maestra, el Guernica.

Pintado en 1937, el Guernica fue el testimonio que dejó su autor al horror indescriptible de la guerra. Tal guerra fue la Guerra Civil Española y el escenario, Guernica, un pueblo del País Vasco que fue reducido a escombros por el bombardeo llevado a cabo por la fuerza aérea alemana. Picasso dejó el cuadro en el Museo de Arte Moderno de Nueva York, con la condición de que la obra fuese devuelta al estado español cuando existiera un gobierno democrático en España. Tras las elecciones generales españolas a principios de 1979 se iniciaron gestiones para cumplir su deseo. Hoy día el lienzo se encuentra en el Museo del Prado en Madrid.

## VOCABULARY

| | |
|---|---|
| **estrechamente ligado** | closely linked |
| **se ganó (ganarse)** | earned |
| **como si se hubiera tomado a pecho** | as if he had taken it seriously |
| **nada menos que** | not less than |
| **seguirle los pasos (seguir)** | to follow in his footsteps |
| **ingresó (ingresar)** | to enrol |
| **la vida le fue muy ardua** | life was very hard for him |
| **plasmar su obra maestra** | to create his masterpiece |
| **reducido a escombros (reducir)** | razed to the ground |
| **bombardeo, m.** | bombing |
| **devuelta (devolver)** | returned |
| **se iniciaron gestiones (iniciar)** | negotiations started |
| **lienzo, m.** | canvass |

## Exercise 26

State whether each of the following statements is true (**verdadero**) or false (**falso**):

**1** La ciudad natal de Picasso es Barcelona.

**2** Picasso ha sido llamado 'inmortal' porque vivió hasta los 92 años.

**3** Picasso adquirió su fama en Barcelona.

**4** En el Guernica Picasso expresa su horror por la guerra.

**5** El padre de Picasso fue también un pintor famoso.

**6** Picasso se asocia con el País Vasco porque fue allí donde pintó su obra maestra.

**7** Picasso se fue a París a buscar la fama.

**8** Picasso fue inspirado a pintar Guernica por la Guerra Civil Española.

**9** El Guernica permaneció hasta 1979 en Nueva York.

**10** El cuadro le pertenece a los herederos de Picasso.

## DOS VASCOS FAMOSOS (1): INDURÁIN

Miguel Induráin Larraya, nació el 16 de Julio de 1964 en Villava, provincia de Navarra. Empezó a practicar el ciclismo desde los 9 años en compañía de sus hermanos. A los 12 años, en el vecino pueblo de Elizondo, sus hermanos lo vieron ganar su primera carrera, por lo cual recibió como premio un bocadillo y un refresco. De aquí en adelante siguió compitiendo como aficionado en eventos locales, los cuales le sirvieron no solo para ganarse la comida y el alojamiento en los sitios donde competía, sino que también – y aún más importante – lo convirtieron en un verdadero portento ciclístico.

En 1985, ya como profesional, participa en la prueba de fuego para todo profesional del ciclismo: el Tour de Francia. En esta ocasión, así como el año siguiente, tiene que abandonar la prueba. A otro ciclista tal vez le habría sido fácil rendirse, pero no a Induráin, quien aceptó cada derrota con dignidad, estoicismo y respeto por sus adversarios. Entre 1987 y 1990, se familiariza con el evento y aunque no gana, su posición general mejora año tras año. En 1991 Induráin obtiene su primera victoria en el Tour de Francia, lo que lo establece como uno de los grandes del ciclismo. Otros cuatros triunfos entre 1992 y 1995 lo convierten en un ídolo de multitudes, el único competidor que ha ganado el Tour cinco veces consecutivas.

Durante su tiempo en la cúspide de su deporte, Induráin era un fenómeno de la naturaleza, con una constitución física especial: 78 kilos de peso y 188 centímetros de estatura; un corazón que latía a 40 pulsaciones y capaz de bombear 50 litros de sangre por minuto; unos pulmones capaces de alojar siete litros y medio de aire y unas piernas capaces de generar 500 vatios de potencia.

Los parámetros físicos de Induráin son muy bien conocidos y aún hoy en día los niños se retan los unos a los otros a recitar los muchos títulos que ganó este 'Quijote del ciclismo'.

## VOCABULARY

| | |
|---|---|
| **ciclismo, m.** | cycling |
| **bocadillo, m.** | sandwich |
| **refresco, m.** | soft drink |
| **aficionado, m.** | amateur |
| **alojamiento, m.** | lodging |
| **portento, m.** | genius |
| **prueba, f.** | competition |
| **prueba de fuego (m.)** | acid test |
| **derrota, f.** | defeat |
| **cúspide, f.** | top, pinnacle |
| **constitución física, f.** | physique |
| **estatura, f.** | height |
| **latía (latir)** | beat |
| **pulsación, f.** | beat (n.) |
| **capaz** | capable |
| **bombear** | to pump |
| **alojar** | to hold |
| **vatio, m.** | watt |
| **se retan los unos a los otros (retar)** | challenge each other |

## Exercise 27

Rewrite these sentences, replacing the words <u>underlined</u> with an appropriate expression from the list provided and changing the form of other words, if necessary.

**constitución física, latido, producir, prueba, esta vez, seguidas, victorias, deportista, vasco, contener**

1 Miguel Induráin es un ciclista <u>navarro.</u>
2 Cada <u>pulsación</u> puede impulsar más de un litro de sangre.
3 Sus pulmones son capaces de <u>alojar</u> siete litros y medio de aire.
4 Induráin no terminó la <u>carrera.</u>
5 Sus piernas pueden <u>generar</u> 500 vatios de potencia.
6 <u>En</u> esta <u>ocasión</u> abandona la prueba.
7 Induráin ganó el Tour de Francia cinco veces <u>consecutivas.</u>
8 Induráin ganó muchos <u>títulos.</u>
9 Induráin es un <u>ciclista</u> único.
10 Para ser un campeón, es necesario tener un <u>físico</u> perfecto.

## DOS VASCOS FAMOSOS (2): LOYOLA

Íñigo López de Oñaz y Loyola, conocido más comúnmente como Ignacio de Loyola, nació en 1491 en el castillo de su familia, en Azpeitia (Guipúzcoa). A caballo entre la Edad Media y El Renacimiento, su vida asombrosa es en realidad dos vidas. La primera, que dura hasta los 33 años, parece arrancada de una novela de caballería como las que enloquecieron a Don Quijote. Le gustaban el juego, las mujeres, las riñas y las armas. Hasta estuvo enamorado de la Infanta Catalina de Aragón. Como cuenta él mismo en su autobiografía: 'se entregó a las vanidades del mundo, con un grande y vano deseo de ganar fama y honores.'

Su conversión fue de corte estrictamente medieval y caballeresco. Se fue en mula a Montserrat a confesar sus

pecados, colgó sus armas de caballero ante el altar de la
Virgen, y se fue a una cueva en Manresa en donde pasó
un año entero de mortificaciones, de visiones y de
éxtasis. Después de estudiar en Barcelona, Alcalá,
Salamanca, París, Boloña y Venecia, fue ordenado
sacerdote en 1538. Con seis amigos fundó la Compañía
de Jesús, o los Jesuitas, de los cuales lo eligieron
general. A la muerte de Íñigo en 1546 habían más de mil
jesuitas, repartidos por el mundo entero, a cargo de 150
fundaciones, casas, universidades y colegios. Fue
beatificado en 1609 y canonizado en 1662. Hoy la
Compañía de Jesús sigue siendo lo que su fundador
quiso que fuera: la principal fuerza de choque y de élite
de la Iglesia Católica.

## VOCABULARY

| | |
|---|---|
| **a caballo entre** | straddled across |
| **Edad Media, f.** | the Middle Ages |
| **Renacimiento, m.** | the Renaissance |
| **asombroso** | amazing |
| **arrancado de** | torn from (the pages of) |
| **novela de caballería, f.** | a chivalresque novel |
| **enloquecieron** | turned the mind of |
| **(enloquecer)** | |
| **juego, m.** | gambling |
| **riña, f.** | fight |
| **enamorado de** | in love with |
| **entregarse a** | to devote oneself to |
| **caballeresco** | chivalresque |
| **confesar sus pecados** | to confess one's sins |
| **colgar** | to hang |
| **ser ordenado sacerdote** | to be ordained priest |
| **repartido** | scattered |
| **beatificado** | beatified |
| **canonizado** | canonised |
| **fuerza de choque, f.** | spearhead |

## Exercise 28

State whether each of the following statements is true (**verdadero**) or false (**falso**):

1 Ignacio de Loyola nació en el siglo XV.
2 Era de familia muy pobre y humilde.
3 Ignacio de Loyola vivió dos vidas paralelas.
4 Hasta los 33 años se dedicó a la vida fácil.
5 En su primera vida siguió la pauta de Don Quijote.
6 Su conversión ocurrió durante una de sus aventuras.
7 Después de su conversión pasó un año de sacrificios y ascetismo.
8 Fue ordenado a los 57 años.
9 Al fundar la Compañía de Jesús fue elegido presidente.
10 Desde 1662 se le conoce como San Ignacio de Loyola.

## 9 USES OF THE INFINITIVE

**1** After **ser** + adjective

**Es absurdo hacer comparaciones.**
It's silly to draw comparisons.
**Habría sido fácil rendirse.**
It would have been easy to give up.

**2** After verbs of perception (seeing, hearing, feeling)

**Sus hermanos lo vieron triunfar.**
His brothers saw him triumph.
**No he sentido mis fuerzas flaquear.**
I haven't felt my strength weaken.
**La vi cruzar la calle.**
I saw her cross the street.
**Las oí reírse.**
I heard them laugh.

Notice that if the identity of the person performing the action is not revealed or is unimportant, a 'passive' English translation might be appropriate, for example:

**Oímos transmitir las noticias.**
We heard the news broadcast.

**3** After verbs of wishing

The most common use of the infinitive is following verbs like **querer, esperar, desear**, and the like, when the subject of the main verb and the infinitive is the same:

**Sólo quiero ser Induráin.**
I only want to be Induráin.
**Esperas viajar.**
You hope to travel.
**No deseo visitar ningún monumento.**
I don't wish to visit any monuments.

Other verbs which follow this pattern are:

| | |
|---|---|
| **anhelar** | to long to |
| **conseguir** | to manage to |
| **deber** | to have to, must |
| **decidir** | to decide to |
| **evitar** | to avoid |
| **intentar** | to try to |
| **lograr** | to manage to |
| **merecer** | to deserve to |
| **necesitar** | to need to |
| **pedir** | to ask leave to |
| **pensar** | to intend to |
| **preferir** | to prefer to |
| **procurar** | to try to |
| **prometer** | to promise to |
| **querer** | to want to |
| **saber** | to know how to |
| **sentir** | to regret to |
| **soler** | to be used to |
| **temer** | to fear to |

| gustar | to like |
|---|---|
| **alegrar** | to please |
| **parecer** | to think (to seem) |
| **convenir** | to be convenient (to be best) |

The last four verbs, **gustar, alegrar, parecer** and **convenir** are used in impersonal form:

**Me gusta cantar mucho.**
I like singing a lot.
**Me alegra verte.**
I am pleased to see you.
**Me parece haberla visto.**
I think I've seen her.
**Nos conviene esperar.**
It's best we wait.

Some of these verbs imply an indirect command:

**Nos aconsejan gastar poco dinero.**
They advise us to spend a little money.
**Los hicieron cantar**
They made them sing.
**No le permitieron decir nada.**
They did not allow her to say anything.
**Me impidieron usar el teléfono.**
They stopped me from using the telephone.
**Se prohibe fumar.**
Smoking is not allowed.

## 10 THE INFINITIVE AFTER PREPOSITIONS

In Spanish, the infinitive is the only verb form allowed after a preposition. This is illustrated here with five common prepositions.

**1** Verbs that take **a**

After verbs which imply an indirect command:

**Nos animan a practicar todo el tiempo.**
They urge us to practice all the time.
**Los forzaron a trabajar al aire libre.**
They forced them to work outdoors.
**El profesor los persuadió a esforzarse más.**
The teacher persuaded them to try harder.
**Nos invitaste a cenar.**
You invited us to dinner.
**El nos obligó a confesar.**
He made us confess.

After verbs of motion, purpose is often expressed by **a**:

**Entré a saludarlo.**
I went in to greet him.
**Subió a bañarse.**
He went up to have a bath.
**Nos sentamos a comer.**
They sat down to eat.
**Volveré a verte pronto.**
I'll return to see you soon.

**Volver a** + infinitive also means to do something again:

**Volvió a salir.**
He went out again.

Most verbs indicating beginning also take **a** + infinitive:

| | |
|---|---|
| **comenzar a** | to begin to |
| **echarse a** | to set off* |
| **empezar a** | to begin to |
| **ponerse a** | to set about |
| **romper a** | to start to |

\* especially with **reír** and **llorar**.

Other verbs which take **a** + infinitive include:

| | |
|---|---|
| **acostumbrarse a** | to get used to |
| **alcanzar a** | to manage to |

| aprender a | to learn to |
| atreverse a | to dare to |
| ayudar a | to help to |
| decidirse a | to decide to |

| enseñar a alguien a | to teach someone to |
| negarse a | to refuse to |
| oponerse a | to object to |
| resignarse a | to resign to |
| inducir a alguien a | to induce someone to |

**2** Verbs that take '**de**'

The following verbs, which imply a separation from or ceasing of an action, take **de**:

**Dejó de llover.**
It stopped raining.
**Me cansé de escribir.**
I got tired of writing.

Other verbs which follow this pattern are:

| acabar de | to finish |
| cesar de | to cease |
| hartarse de | to tire of |
| parar de | to stop |
| terminar de | to finish |

Other verbs which take **de** + infinitive include:

| acordarse de | to remember |
| alegrarse de | to be glad to |
| arrepentirse de | to regret |
| acusar a alguien de | to accuse someone of |
| avergonzarse de | to be ashamed of |
| jactarse de | to boast of |
| tratar de | to try to |

N.B. **Acabar de** + infinitive in the present or past tenses means 'to have just done something':

**Acabo de llegar.**
I have just arrived.
**Acabé de llegar.**
I have just arrived.

In the imperfect tense it means 'had just done something':

**Acabábamos de salir.**
We had just left.

In the other tenses **acabar** reverts back to the original meaning of 'to finish'.

**3** Verbs that take '**en**'

**Insistimos en hacerlo.**
We insisted on doing it.
**El paquete tardó mucho en llegar.**
The package took a long time to arrive.
**Quedamos en vernos pronto.**
We agreed to meet soon.

Other such verbs include:

| | |
|---|---|
| **acordar (en)** | to agree to |
| **consistir en** | to consist of |
| **convenir en** | to agree to |
| **esforzarse en / por** | to strive to |
| **persistir en** | to persist in |
| **vacilar en** | to hesitate to |

**4** Verbs that take **por**

**Empezamos por rezar.**
We began by praying.
**El tren aún está por salir.**
The train still hasn't gone.

**Por** is used with verbs of striving, fighting, yearning to do something:

| | |
|---|---|
| **luchar por** | to fight to |
| **esforzarse por** | to strive to |
| **suspirar por** | to yearn to |
| **interesarse en / por** | to be interested in |

With verbs meaning beginning and finishing by doing something:

| | |
|---|---|
| **empezar por** | to begin by |
| **terminar por** | to finish by |

With the meaning of 'yet to' when used with **estar** and **quedar**:

**El avión estaba por despegar.**
The plane had not yet taken off.
**La historia de este episodio está por escribirse.**
The history of this episode has yet to be written.
**Esta tierra queda por explorar.**
This land is still unexplored.

N.B. **Estar por** also means 'to be inclined to', 'to have a mind to'.

**5** Verbs that take **con**

**Sueño con vivir en paz.**
I dream of living in peace.
**Me contenté con hablarle por teléfono.**
I was happy to telephone her.
**Me amenazaron con demandarme.**
They threatened to sue me.

## Exercise 29

In the following sentences provide a suitable linking preposition between the verbs and infinitives:

1 No me atrevo … hablar español.
2 Convenimos … salir para San Salvador mañana.
3 Me acuerdo … habértelo dado ayer.
4 Sueño … ganarme la lotería.
5 No dejes … escribirnos cada semana.
6 En la fiesta no tardó … aparecer el vino.
7 Acabamos … verlo cruzar la calle.
8 ¿Quién te enseñó … tocar el piano?
9 ¿Por qué insiste tanto … servirnos vino?
10 Mi amigo terminó … comprar una bicicleta.

## Exercise 30

Translate the following sentences into English:

1 El día que murió, sus hijas no dejaron de llorar.
2 Se echó a correr, al oír su nombre.
3 Cuando volvió a sonar el teléfono, me negué a contestar.
4 Estoy por salir para Madrid.
5 Me parecía haberlo visto varias veces antes.
6 Nunca para de contarnos todo lo que ha hecho.
7 Hiciste bien en no decir nada.
8 Me cansé de comer siempre lo mismo.
9 Fue ayer cuando empezó a sentirse enferma y a insistir en volver a casa.
10 No hubo manera de hacerla comprender que no debía ir.

*La pelota vasca*

El juego de pelota es muy antiguo; se cree que entre los mayas era una actividad recreativa muy especial. Es el deporte más veloz de todos los deportes de cancha, en el que la pelota, de casi el tamaño de una pelota de béisbol y de un peso aproximado de 180 gramos, puede alcanzar velocidades de hasta 300 km/h, un poco más del doble de la velocidad del saque de un profesional de tenis.

Los orígenes del juego moderno se remontan a la Edad Media, cuando se introdujeron raquetas en los juegos de pelota de mano, para poder acelerarlos y al mismo tiempo evitar el daño a las manos. A mediados del siglo XIX, los vascos introdujeron la chistera, que es una cesta especial en forma de cuchara que el pelotari (jugador de pelota) lleva en el brazo con el propósito de impulsar la pelota a gran velocidad. Posiblemente se escogió la cesta por ser un implemento muy común entre la sociedad predominantemente agrícola de la época.

El juego se expandió rápidamente, primero por el resto de España y Francia, y después por América Latina. La pelota vasca llegó a Estados Unidos por Florida, donde vive un gran número de personas de ancestro español o latinoamericano. Allí el juego se conoce como jai alai , que significa 'fiesta alegre', tal vez por las animadas celebraciones que acompañan los juegos de pelota.

La pelota vasca se juega en una cancha, llamada a veces frontón, cuyas dimensiones varían de región a región y de país en país. Un frontón típico tiene un muro frontal de 11 metros de ancho por 14 de altura. El lado izquierdo de la cancha es un muro de 60 a 80 metros de largo. El muro de atrás suele ser más pequeño. Los muros tienen marcas para indicar el límite de juego. El público se sienta al lado derecho. El juego de pelota normalmente se juega en dobles; cada jugador lanza la pelota contra el muro frontal y el oponente tiene que capturarla con la chistera y lanzarla de nuevo contra el muro. Sólo se permiten dos rebotes de la pelota.

4

## VOCABULARY

| | | | |
|---|---|---|---|
| **veloz** | fast | **impulsar** | to propel |
| **cancha, f.** | court | **implemento, m.** | tool |
| **un poco más** | more than | **agrícola** | agricultural |
| **del doble** | twice | **ancestro, m.** | background, |
| **velocidad, f.** | speed | | ancestry |
| **saque, m.** | serve | **varían (variar)** | vary |
| **raqueta, f.** | racquet | **muro, m.** | wall |
| **pelota de** | handball | **izquierdo** | left |
| **mano, f.** | | **de atrás** | back, rear |
| **evitar** | avoid | **suele (soler) ser** | is usually |
| **daño, m.** | injury | **marca, f.** | marking, line |
| **cesta, f.** | basket | **derecho** | right |
| **cuchara, f.** | spoon | **lanza (lanzar)** | throws |
| **brazo, m.** | arm | **rebote, m.** | bounce |
| **propósito, m.** | purpose | | |

**4**

## Exercise 31

Answer the following questions in Spanish:

**1** ¿De cuándo data el juego de pelota vasca moderno?

**2** ¿En qué países de Europa se juega pelota vasca?

**3** ¿Cómo se llama a la pelota vasca en Estados Unidos?

**4** ¿Qué es un frontón?

**5** ¿Por qué se dice que la pelota vasca es el deporte de cancha más rápido?

# Lesson 5

You will read about:
- Galicia
- Santiago de Compostella and its pilgrims
- Galician emigration

You will study:
- the use of conditional sentences
- positive and negative commands

## GALICIA

Por su contraste con el resto de España como sinónimo de playas soleadas, cielos despejados y veranos interminables, Galicia se presenta al visitante como una sorpresa. Su topografía, con sus colores siempre verdes, sus aldeas dispersas, sus valles y montañas y su densa red de ríos parece tener más afinidad con Argentina o Escocia que con el resto de España.

Galicia con Irlanda, Gales y Bretaña, formaba en la Edad de Bronce una civilización de orígenes étnicos comunes. A su llegada, los celtas fundaron los castros, fortificaciones en lo alto de los montes, que los defendieron de invasiones por siglos, pero que no pudieron evitar que más tarde Galicia cayera en manos de los romanos.

Galicia es la España atlántica por excelencia, la Iberia húmeda, de lluvias abundantes y nieblas constantes. Es la región de las rías, los estuarios de los ríos gallegos donde el mar penetra formando largos y profundos brazos en

### ¿Sabía Ud. que ...?

- Los Celtas colonizaron Galicia hace unos tres mil años y su influencia en esta región es muy marcada. Por ejemplo, en Galicia se toca más la gaita que la guitarra.
- Los gallegos comparten con los escoceses e irlandeses el amor a la música, y con los bretones y galeses la inspiración por la poesía.
- El gallego no es un idioma celta. Es una lengua derivada del latín que al oído extranjero parece una mezcla de portugués y español.

los cuales abundan ramificaciones, promontorios, playas, cavernas, vegetación en una sinfonía única de colores y formas, y que proporcionan excelentes condiciones para la pesca y el establecimiento de buenos puertos. Es la primera región pesquera española y una de las más grandes y activas de Europa; es también un centro ganadero, y sus industrias conservera y de la construcción naval son todavía importantes para la economía local.

Galicia es una región de puertos tan importantes como Vigo y La Coruña, de ciudades tan modernas como Lugo y Orense o de tanto sabor antiguo como Santiago.

Galicia es la tierra de emigrantes, de hombres y mujeres que decidieron buscar su suerte en el Nuevo Mundo o en otras partes de España y Europa, y que han hecho famosa la morriña o añoranza del suelo natal; es la región de la soledad y la melancolía, de las pocas palabras y las frases ambiguas, pero también del humor, de los cuentos irónicos, de las interminables y ruidosas fiestas, de las pintorescas romerías, de las ferias. Es la región de las gaitas y de la música nostálgica y evocativa.

Galicia es en resumen una tierra de contrastes en el finisterre o fin del mundo civilizado de otros tiempos.

## VOCABULARY

| | |
|---|---|
| **soleadas** | sun-bathed |
| **despejados** | cloudless |
| **aldea, f.** | village |
| **red, f.** | network |
| **alto (lo)** | the top (of mountains) |
| **niebla, f.** | fog |
| **ría, f.** | estuary |
| **promontorio, m.** | promontory, hill |
| **caverna, f.** | cave |
| **pesca, f.** | fishing |
| **pesquera** | fishing (region) |
| **industria conservera, f.** | the canning industry |
| **añoranza, f.** | evocation, nostalgia |
| **suelo natal, m.** | birthplace |

| | |
|---|---|
| **cuento, m.** | story |
| **pintorescas** | picturesque, colourful |
| **romería, f.** | pilgrimage, journey |
| **gaita, f.** | wind pipe |

## SANTIAGO DE COMPOSTELA

La capital gallega debe en parte su nombre al apóstol
Santiago el Mayor, quien – según la tradición – introdujo
el Cristianismo en España. Se cree que un ermitaño
descubrió su tumba en la bahía de Padrón en Galicia,
alrededor del año 813. Otra tradición dice que el cuerpo
del apóstol fue traído a España en el siglo I. El nombre
Compostela parece derivarse o del latín 'compost terra'
(cementerio), o del español 'campo de la estrella', pues
según la leyenda, el ermitaño que encontró el sepulcro
fue guiado por una estrella.

El culto al apóstol Santiago parece haber sido decisivo
en la lucha contra los moros. Mientras los musulmanes
tenían como reliquia en Córdoba el brazo de Mahoma
para animar a sus guerreros en las batallas, los cristianos
adoptaron al apóstol Santiago como santo patrono de
España. En el año 844 los moros fueron derrotados en
la batalla de Clavijo y la tumba de Santiago se convirtió
en el lugar más visitado de toda España; de entonces
datan las conocidas peregrinaciones a lo largo de la
Ruta de Santiago.

Santiago de Compostela hoy día es una ciudad
moderna y pujante, que ofrece, además del aspecto
religioso, muchas atracciones al visitante. Su importancia
en la formación de Europa le ha merecido en los últimos
años distinciones internacionales como el haber
sido declarada Patrimonio de la Humanidad y el
reconocimiento del Camino de Santiago como primer
itinerario cultural europeo.

5

| | |
|---|---|
| **gallega** | Galician |
| **ermitaño, m.** | hermit |
| **tumba, f.** | tomb |
| **bahía, f.** | bay |
| **sepulcro, m.** | tomb, sepulchre |
| **fue guiado (guiar)** | was guided |
| **hallazgo, m.** | finding |
| **moro, m.** | moor |
| **musulmán, m.** | Muslim |
| **animar** | to urge on |
| **guerrero, m.** | warrior |
| **derrotados (derrotar)** | defeated |
| **datan (datar)** | date |
| **peregrinación, f.** | pilgrimage |

**5**

## Exercise 32

State whether each of the following statements is true (**verdadero**) or false (**falso**):

1 Galicia es una región de costas muy soleadas.

2 La principal industria gallega es la pesca.

3 El idioma gallego es la mejor evidencia de la presencia de la cultura celta en Galicia.

4 El humor gallego es conocido en toda España.

5 El nombre de Santiago fue usado por las tropas cristianas para reforzar su moral en la batalla.

6 El éxito de la lucha contra los moros y el prestigio de Santiago sirvieron para atraer a muchos peregrinos a Santiago a partir del siglo X.

7 La construcción naval es una industria tradicional gallega.

8 La Coruña y Orense son dos puertos gallegos muy modernos.

9 Finisterre es una región de Galicia.

10 Es un hecho histórico que Santiago introdujo el Cristianismo en España.

## EL CAMINO DE SANTIAGO

A partir del siglo IX ocurrieron supuestas apariciones del apóstol Santiago, que a lo mejor eran ingeniadas con el fin de animar a los cristianos en la lucha contra los moros. Pronto Santiago de Compostela se convirtió en un centro de peregrinación que competía en popularidad con Jerusalén y Roma. Los peregrinos venían desde puntos muy lejanos de Europa y seguían la ruta que los llevaba desde los Pirineos hasta Galicia.

El Camino de Santiago, también conocido como la Ruta Jacobea, se iniciaba en Francia y penetraba por Roncesvalles o por Somport y pasaba por ciudades como Pamplona, Logroño, Burgos y León; a lo largo del camino se construyeron iglesias, santuarios, hospederías, hospitales y puentes para los peregrinos. Para el siglo XII el francés Aymeric Picaud ya había escrito un manual en el que se indicaba el itinerario, las costumbres de los sitios por donde pasaban, dónde hospedarse, qué comer y beber, e incluso un pequeño libro de frases.

Con el tiempo la Ruta Jacobea se convirtió en la vía por la que llegaron a España el arte, la literatura, la ciencia y las costumbres europeas de la época. La convivencia de los visitantes con los habitantes locales también fomentó la diseminación de las costumbres y la lengua españolas por el resto de Europa. La peregrinación se convirtió también en un medio de acelerar el tiempo de las condenas: si un reo completaba la ruta se le conmutaba la sentencia.

Los peregrinos franceses iniciaban su camino en la Torre de Saint Jacques en París, cruzaban los Pirineos y se unían a la ruta que los llevaba, después de setecientos kilómetros de camino arduo, al Pórtico de la Gloria, en la Catedral de Santiago.

Otros caminos traían a los peregrinos del sur, por Orense y Pontevedra; los peregrinos Portugueses venían por Tui, y los ingleses por La Coruña. Hoy día hay muchos otros caminos y aunque no todos sean de peregrinación, se puede decir que todos los caminos conducen a Santiago.

El emblema de los peregrinos era una concha, tal vez

por su abundancia en las playas de Padrón. Entre los peregrinos compostelanos se cuentan El Cid, Luis VII de Francia, San Francisco de Asís, Jaime III de Escocia e Inglaterra y los Papas Juan XXIII y Juan Pablo II.

## VOCABULARY

| | |
|---|---|
| **supuestas** | alleged |
| **aparición, f.** | appearance |
| **a lo mejor** | perhaps |
| **ingeniadas** | made up, contrived |
| **con el fin de** | in order to |
| **se convirtió** (convertirse) | became |
| **hospedería, f.** | hostel, inn |
| **hospedarse** | to lodge, to stay |
| **incluso** | including |
| **fomentó (fomentar)** (fomentar) | promoted |
| **condena, f.** | sentence |
| **reo, m.** | prisoner |
| **arduo** | hard, exhausting |
| **se cuentan (contar)** | figure |
| **concha, f.** | shell |

## Exercise 33

Rewrite these sentences, replacing the words underlined with an appropriate expression from the list provided and changing the form of other words, if necessary.

**guía, delincuentes, inventaron, incluyen, rivalizaba, atraviesa, conducía, difusión, regiones, símbolo**

1 Desde el siglo IX, se <u>ingeniaron</u> apariciones de Santiago.

2 Santiago de Compostela <u>competía en popularidad</u> con Roma y Jerusalén.

**3** Los peregrinos procedían de <u>puntos</u> muy lejanos de Europa.

**4** La Ruta Jacobea <u>pasa</u> por las provincias de Navarra, Logroño y León, entre otras.

**5** Aymeric Picaud escribió un <u>manual</u> turístico.

**6** Después de setecientos kilómetros, el camino <u>llevaba</u> a los peregrinos a la catedral de Santiago.

**7** Las peregrinaciones ayudaron a la <u>diseminación</u> de la cultura europea.

**8** Como peregrinos, los <u>reos</u> podían acortar su sentencia.

**9** El <u>emblema</u> de los Jacobitas era una concha.

**10** Entre los peregrinos se <u>cuentan</u> personajes famosos.

## LA CATEDRAL DE SANTIAGO

**5**

Los campostelanos dicen que gozan solamente de unos treinta días soleados por año, y la primera impresión que se le ofrece al visitante es la de una ciudad gris y melancólica – la más lluviosa de España.

La catedral, sin embargo, es otra cosa. Erigida sobre la presunta tumba de Santiago, su construcción se inició en 1075. Los peregrinos deben haberse maravillado del Pórtico de la Gloria construido por el maestro Mateo en el siglo XII, el cual narra en esculturas la historia cristiana desde la creación del mundo hasta el juicio final. Para fumigar la iglesia había un incensario que purificaba el ambiente mientras los peregrinos entraban y salían por sus 14 puertas. A partir del siglo XIV, cada vez que el día de Santiago (el 25 de julio) cae en un domingo, se denomina Año Santo y se celebra con gran pompa. Para la ocasión se abre la Puerta Santa (detrás del altar) y un sistema complicado de poleas y cuerdas facilita el balanceo de un incensario enorme, hecho de plata, maniobrado por cinco o seis hombres. El humo del incensario proyecta un arco de más de cincuenta metros y en el recinto retumba el sonido de las gaitas gallegas.

## VOCABULARY

| | |
|---|---|
| **gozan (gozar)** | to enjoy |
| **incensario, m.** | incense burner |
| **ambiente, m.** | ambience, atmosphere |
| **polea, f.** | pulley |
| **cuerda, f.** | rope |
| **humo, m.** | smoke |
| **recinto, m.** | place |
| **retumba (retumbar)** | reverberates, echoes |

## Exercise 34

Complete each of the following statements with the appropriate word or words:

**apariciones, esculturas, Santiago, peregrinos, humo, Compostela, purifica, domingo, gaitas gallegas, catedral**

1 Según la tradición, … está enterrado en la ciudad que lleva su nombre.

2 … podría tener su origen en la palabra latina que significa 'cementerio'.

3 Las … de Santiago fueron aprovechadas por los cristianos para reforzar la moral de sus tropas.

4 El prestigio del santo patrón de España sirvió para atraer a muchos … a Santiago a partir del siglo X.

5 La construcción de la … se empezó a principios del siglo XI.

6 El Pórtico de la Gloria contiene … que narran la historia cristiana.

7 La catedral se … con incienso.

8 El Año Santo Compostelano se celebra cuando el 25 de Julio cae en … .

9 Las … proveen la música durante las celebraciones.

10 El … del incensario se eleva y llena la iglesia de un olor reverente.

## GALICIA, TIERRA DE EMIGRANTES

Desde el siglo XVI Galicia ha experimentado un éxodo constante de su población hacia otras partes de la Península, especialmente Castilla, Andalucía y Portugal. En el siglo XVII Lisboa se conocía como 'la ciudad gallega' por el elevado número de emigrantes gallegos entre sus habitantes.

En el siglo XVII empezó la emigración hacia América del Sur, la cual alcanzó su mayor auge en la segunda parte del siglo XIX. Para los gallegos, el Nuevo Mundo, especialmente Argentina, Uruguay y Cuba, era la Tierra Prometida. El éxodo hacia estos países continuó hasta después de la Segunda Guerra Mundial.

En la década de 1950, la emigración gallega se concentró en otros países europeos, especialmente Suiza, Alemania, Suecia y el Reino Unido. Aunque desde 1974 la emigración ha disminuido marcadamente, aún se nota el deseo de buscar un mejor nivel de vida en otras partes del mundo.

¿Por qué emigran los gallegos? La escasa industrialización y la desigual distribución de la tierra hasta hace unas décadas, junto con el crecimiento de la población gallega, los empujaron a buscar trabajo y mejor nivel de vida en otras partes de España, Europa y América del Sur. Aunque la situación laboral y económica ha mejorado mucho en los últimos años, los gallegos no han perdido su deseo de aventura, de conocer otras regiones y culturas, de tratar de hacer su vida lejos de su querida Galicia.

| VOCABULARY | |
|---|---|
| **ha experimentado (experimentar)** | has experienced |
| **elevado** | high |
| **auge, m.** | peak |
| **Tierra Prometida, f.** | the Promised Land |
| **marcadamente** | considerably |
| **deseo, m.** | wish |
| **escasa** | scarce |
| **desigual** | unequal |
| **crecimiento, m.** | growth |

Conditional sentences with **si** can be constructed with the indicative or the subjunctive depending on whether or not there is doubt about the fulfilment of the condition.

**Si vienes te invito a la playa.** (Open condition)
**Si vienes te invitaré a la playa.** (Open condition)

They both translate 'If you come I will invite you to the beach' and in both cases it is likely that the condition will be fulfilled.

**Si vinieras te invitaría a la playa.**
  (Hypothetical condition)
If you came I would invite you to the beach.
**Si hubieras venido te habría invitado a la playa.**
  (Impossible condition)
If you had come I would have invited you to the beach.

In the last two examples the assumption is that the condition is unlikely to be or wasn't fulfilled. Not all conditional sentences referring to past actions are impossible. Some may have been possible and in this case **si** takes on the additional meaning of 'when.'

**Si los reos completaban la ruta podían reducir su sentencia.**
If the criminals followed the route they could reduce their sentence.

Remember that the imperfect subjunctive derives from the stem of the third person plural of the preterite and ends in **-se** (**comprase, comiese, viniese**) or **-ra** (**comprara, comiera, viniera**). The former is preferred in Spain and the latter in Latin America.

N.B. **Si** in indirect questions: **si** does not always introduce a conditional clause. Like its counterpart in English, 'if', it can introduce an indirect question. In such cases **si** can always be translated as 'whether':

**No sé si voy al trabajo hoy.**
I don't know whether I'll go to work today.

In indirect questions **si** may be followed by future or conditional tenses:

**No sé si iré a Vigo en mayo.**
I don't know if I'll go to Vigo in May.

**Miguel quería saber si yo iría con él.**
Miguel wanted to know if I'd go with him.

## Exercise 35

Put the infinitives in brackets into their correct verb form:

1 Si (llover), pasábamos las tardes jugando a las cartas.

2 Se lo (dar) a mi padre si lo vuelvo a ver.

3 Si (ser) verdad lo que dice, yo no le prestaría más dinero.

4 Si mis padres (venir) ayer, podríamos haber hablado con ellos.

5 Eso no te habría pasado, si (tener) más cuidado.

6 Sería más simpática si (ser) un poco menos tímida y (vestirse) mejor.

7 Si te casaras con Ana, su madre (ponerse) muy contenta.

8 No me habría dejado engañar así, aunque me (ofrecer) el mundo.

9 Si apruebas el examen yo (quedar) satisfecha.

10 Si tú (llegar) a tiempo, no habría tenido que ir a la policía.

## Exercise 36

Translate the following sentences into Spanish:

1 I don't know whether this is true.
2 We would not have worried, if we had known all was well.
3 If he were right, we'd have to accept his idea.
4 If she had gone into the house, she would have seen him.
5 If I tried harder, I might be more successful.
6 If I had not drunk so much last night, I wouldn't have a headache.
7 Come to supper on Saturday evening, if you want.
8 If she likes it, she can keep it.
9 Don't open the door if Julia calls.
10 If they had not come early, we would not have seen them.

## 5

## 12 DIRECT COMMANDS

To give a positive command in Spanish, there are four forms of the verb to choose from, one for each of the second person pronouns: **tú, usted, vosotros/vosotras**, and **ustedes**. In Latin America **ustedes** is used for both polite and familiar plural forms. **Vosotros/vosotras** is not used. So, when speaking familiarly to one or more listeners, the command forms are as follows:

|          | <u>tú</u> | <u>vosotros/as</u> |
|----------|-----------|--------------------|
| hablar   | habla     | hablad             |
| comer    | come      | comed              |
| vivir    | vive      | vivid              |

The imperative with **tú** is formed by dropping the final **-s** from the second person singular of the present indicative, with the following exceptions:

| tener | ten |     | venir | ven |
|-------|-----|-----|-------|-----|
| poner | pon |     | ir    | ve  |

| | | | |
|---|---|---|---|
| decir | di | hacer | haz |
| salir | sal | ser | sé |

Radical changing verbs keep their root changes:

| | | | | |
|---|---|---|---|---|
| contar | => cuenta | mover | => mueve |
| cerrar | => cierra | perder | => pierde |
| pedir | => pide | mentir | => miente |

The imperative with **vosotros/vosotras** is perfectly regular in its formation: the final **-r** of the infinitive is changed to a **-d**, as in the following examples:

| | | | | |
|---|---|---|---|---|
| contar | => contad | decir | => decid |
| hacer | => haced | venir | => venid |

The reflexive verbs lose the **-d** and add **-os**:

**vestirse => vestíos**     **casarse => casaos**

In Spain, the **-d** in non-reflexive verbs is changed to an **-r** and an **r** also is inserted before the **-os** in the reflexives:

| | | | | |
|---|---|---|---|---|
| contad | => contar | decid | => decir |
| haced | => hacer | venid | => venir |
| vestíos | => vestiros | casaos | => casaros |

In the other command forms, the polite **usted** and **ustedes, -ar** ending verbs take the ending in **-e**, whilst **-er** and **-ir** ending verbs take the ending in **-a**:

| | Ud. | Uds. |
|---|---|---|
| hablar | hable | hablen |
| comer | coma | coman |
| vivir | viva | vivan |
| tener | tenga | tengan |
| decir | diga | digan |
| venir | venga | vengan |
| salir | salga | salgan |

5

To summarise the forms for the imperative:

| Infinitive | Tú | Ud. | Vosotros/as | Uds. |
|---|---|---|---|---|
| **llamar** | **llama** | **llame** | **llamad/llamar** | **llamen** |
| **comer** | **come** | **coma** | **comed/comer** | **coman** |
| **abrir** | **abre** | **abra** | **abrid/abrir** | **abran** |
| **vestirse** | **vístete** | **vístase** | **vestíos/vestiros** | **vístanse** |

Remember that object pronouns are tacked on to the end of affirmative imperatives. For example:

**díme**     tell me
**démelo**     give it to me
**escríbeselo** write it for him / her
**vístete**     get dressed

In negative commands the present subjunctive is used for all persons. For example:

| Tú | Ud. | Vosotros. | Uds. |
|---|---|---|---|
| **no digas** | **no diga** | **no digáis** | **no digan** |
| **no escribas** | **no escriba** | **no escribáis** | **no escriban** |
| **no seas** | **no sea** | **no seáis** | **no sean** |
| **no pongas** | **no ponga** | **no pongáis** | **no pongan** |

In this case object pronouns are not tacked on to the end of the verb, but precede it. For example:

**no me digas**     don't tell me
**no me lo des**     don't give it to me
**no se lo escribas** don't write it for him/her
**no te vistas**     don't get dressed

## Exercise 37

Give the correct forms of the imperative (the forms corresponding to 'Tú', 'Ud.', 'Vosotros/as' and 'Ustedes') for the following verbs:

escribir, meter, trabajar, correr, peinarse, bañarse

## Exercise 38

Turn these requests into direct commands as in:

¿Quieres entrar?      => Entra
¿Por qué no sale Ud.? => Salga

1  ¿Quiere ayudarnos?
2  ¿Os queréis ir?
3  ¿Por qué no te casas?
4  ¿Queréis venir?
5  ¿Por qué no lo compra Ud?
6  ¿Quieres decírmelo?
7  ¿Por qué no venís esta tarde?
8  ¿Quieren llamarme a las diez?
9  ¿Por qué no lo olvidáis?
10 ¿Quieren comer algo?

## Exercise 39

**5**

Now turn your answers in the last exercise from positive commands to negative ones. For example:

Entra  =>  No entres    Salga  =>  No salga (Ud.)

### LISTENING PRACTICE

*La gastronomía gallega*

Los principales atractivos de la gastronomía gallega son su variedad (hasta el punto que es difícil decir cuál es el plato típico de la región) y la forma familiar, artesanal y pausada de cocinar. Un mismo plato se prepara de muchas maneras y en cada lugar tienen un sabor distinto. Se puede decir que la cocina gallega es una cocina clásica porque alcanza el pináculo de su belleza con ingredientes sencillos, naturalmente combinados.

El lacón con grelos es una de las comidas más típicas

durante el invierno. Otro plato común es el cocido gallego, compuesto de jamón, carne de vaca y gallina, chorizo, grelos o repollo, patatas y garbanzos. Durante la época de Navidad, una de las carnes más saboreadas es el capón, cebado meticulosamente para la ocasión.

Las empanadas gallegas merecen mención especial. Se caracterizan por la suavidad del pan, hecho con azafrán, aceite, pimiento y cebollas, y la variedad del relleno, en el que se puede poner todo.

Los ingredientes que más se asocian con la comida gallega son el pescado y los mariscos. Entre los primeros los más sabrosos son los que se pescan en las rías o en las proximidades de la costa: merluza, rodaballo, lubina, mero y lenguado, que se preparan a la plancha, a la gallega o en 'caldeira'. Entre los peces de río sobresalen las truchas, los salmones, las angulas, las anguilas y los sábalos.

Entre los mariscos vale la pena mencionar los camarones, los calamares y los chocos, y el delicioso percebe, en el que se concentran todos los sabores del mar. Finas almejas, deliciosas ostras, centollas, langostas, langostinos y mejillones, se usan en la preparación de una vasta variedad de platos y salsas. Entre los mariscos sobresale el pulpo, consumido todos los meses del año y preparado en miles de formas, siendo la más común el pulpo *a la feira*, que se adoba con pimentón y sal y se rocía con aceite crudo.

Finalmente, no se puede hablar de la comida gallega sin mencionar los deliciosos y aromáticos quesos frescos y la exquisita repostería gallega.

## VOCABULARY

| | | | |
|---|---|---|---|
| **sabor, m.** | flavour | **cebado** | fattened |
| **lacón, m.** | shoulder of pork | **empanada, f.** | pasty |
| | | **suavidad, f.** | smoothness |
| **grelo, m.** | parsnip / turnip tops | **pan, m.** | pastry |
| | | **azafrán, m.** | saffron |
| **repollo, m.** | cabbage | **pimiento, m.** | peppers |
| **garbanzos, m.** | chickpeas | **cebolla, f.** | onion |

| | | | |
|---|---|---|---|
| relleno, m. | filling | percebe, m. | barnacle |
| marisco, m. | seafood | almeja, f. | cockle |
| merluza, f. | hake | ostra, f. | oyster |
| rodaballo, m. | turbot | centolla, f. | spider crab |
| lubina, f. | sea bass | langosta, f. | lobster |
| mero, m. | grouper | langostino, m. | king prawn |
| lenguado, m. | sole | mejillón, m. | mussel |
| plancha (a la) | grilled | sobresale | stands out |
| gallega (a la) | Galician style | (sobresalir) | |
| caldeira (en) | stewed | pulpo, m. | octopus |
| | (in a pot) | consumido | eaten |
| trucha, f. | trout | (consumir) | |
| angula, f. | baby eel | feira (a la) | fair style |
| anguila, f. | eel | se adoba | is seasoned |
| sábalo, m. | shad | (adobar) | |
| camarón, m. | prawn | se rocía (rociar) | sprinkled |
| calamar, m. | squid | repostería, f. | confectionery |
| choco, m. | cuttlefish | | |

5

## Exercise 40

Answer the following questions in Spanish:

1  ¿Por qué es difícil saber cuál es el plato gallego típico?

2  ¿Qué ingredientes se ponen en el cocido gallego?

3  ¿Cuándo se come el capón?

4  ¿Qué hace famosas a las empanadas gallegas?

5  ¿Cuáles son los ingredientes por excelencia de la comida gallega?

6  ¿Cuáles peces de agua dulce puede mencionar?

7  ¿En cuál pez se concentran todos los sabores del mar?

8  ¿Qué plato se prepara con pimiento, sal y aceite?

9  ¿En qué consiste el relleno de las empanadas gallegas?

10  ¿Qué plato se consume durante el invierno?

# Lesson 6

*You will read about:*
- Mexico
- the Mayan city of Palenque
- Mexican music and the rodeo

*You will study:*
- ordinal numbers, distances and measurements
- superlatives of adjectives
- expressions using 'fácil', 'difícil', 'posible', 'imposible'
- uses of 'tal', 'tan' and 'tanto'

## MÉXICO

México, junto con los Estados Unidos y Canadá, hace parte del subcontinente norteamericano. Tiene una superficie de 1.958.201 kilómetros cuadrados y un litoral de más de 10.000 kilómetros sobre los océanos Pacífico y Atlántico.

México comparte con su vecino del norte, los Estados Unidos, una frontera de más de 3.000 kilómetros y la influencia que éste ejerce en la vida mexicana se nota en muchos aspectos, incluso el nombre oficial del país, Estados Unidos de México. México es el segundo país más extenso de Hispanoamérica y, con cerca de 90 millones de habitantes (1995), el más poblado de todos.

México es un país muy montañoso. Tiene varios sistemas de montañas: la Sierra Madre Oriental, la Sierra Madre Occidental y la Sierra Madre del Sur. Con excepción de las áreas

### ¿Sabía Ud. que ...?

- Gran parte del sur de los Estados Unidos le perteneció originalmente a la corona española y fue heredada por México después de su independencia de España. California, Nuevo México, Arizona y Texas fueron provincias mexicanas hasta mediados del siglo XIX.

- Se piensa que la palabra México viene de Mexitli, el dios azteca de la guerra. Otros creen que viene de 'Meji' o 'Mexi', nombre de una tribu y 'co', 'lugar' o 'país' en el idioma local.

desérticas del norte y de los llanos de Yucatán, hay
montañas en todas partes de México y desde todas las
ciudades de la región central se pueden ver volcanes. En
la provincia de Michoacán hay más de ochenta. El Pico
de Orizaba, el Popocatépetl (la montaña humeante) y el
Ixtacíhuatl (la dama durmiente) son la tercera, la quinta y
la séptima montañas más altas de Norteamérica. El
Orizaba tiene 5.700 metros de altura.

México es un país enorme y de muchos contrastes:
selva tropical impenetrable en el sur y áridos desiertos en
el norte; modernos centros industriales de alta tecnología
y agricultura rudimentaria; un sistema de gobierno
democrático y un solo partido político. La gente, las
costumbres, la arquitectura, la historia, las lenguas ...
todo en México es genuinamente mexicano. Como dicen
los mismos mexicanos '¡Como México no hay dos!'

**6**

## VOCABULARY

| | |
|---|---|
| **junto con** | together with |
| **hace parte de** | is part of |
| **litoral, m.** | shoreline |
| **comparte con (compartir)** | shares with |
| **ejerce (ejercer)** | to exert, to have |
| **se nota (notar)** | can be seen |
| **incluso** | including |
| **extenso** | vast |
| **montañoso** | mountainous |
| **sistema de montañas, m.** | mountain range |
| **sierra, f.** | mountain range |
| **se pueden ver (poder ver)** | can be seen |
| **montaña humeante, f.** | the smoking mountain |
| **dama durmiente, f.** | the sleeping lady |
| **selva tropical, f.** | rain forest |
| **genuinamente mexicano** | genuinely Mexican |
| **los mismos mexicanos, m.** | the Mexicans themselves |
| **¡Como México no hay dos!** | There is nowhere like Mexico |

## Exercise 41

Answer the following questions in Spanish:

**1** ¿Cuáles son los principales sistemas montañosos de México?

**2** ¿Qué significa Popocatépetl?

**3** ¿Cual es un ejemplo de la influencia de los Estados Unidos en México?

**4** ¿Por qué se dice que 'como México no hay dos'?

**5** ¿Qué significa Mexitli?

**6** ¿Cuándo perdió México gran parte de su territorio?

**7** ¿Qué país europeo conquistó a México?

**8** ¿Cuáles son las únicas áreas de México donde no hay montañas?

## 6 PALENQUE

Se dice que en México hay 10.000 ruinas de ciudades y monumentos de muchos pueblos, entre los cuales se destacan los mayas, los aztecas, los toltecas y los olmecas. Tales civilizaciones construyeron ciudades como Teotihuacán, Palenque y Chichén Itzá, que se han convertido en sitios famosos de gran valor histórico y que se comparan bien con la arquitectura de las grandes civilizaciones europeas.

A más de mil quinientos kilómetros al sur de la capital, se encuentra la ciudad de Palenque, en la provincia de Chiapas, uno de los centros arqueológicos mayas más importantes.

Palenque fue una gran ciudad de una extensión de doce kilómetros cuadrados y de construcciones arquitectónicas muy refinadas. Palenque permaneció escondida hasta el siglo XVIII y se calcula que las ruinas encontradas datan de los siglos VII y VIII. Se creía antes que, a diferencia de las pirámides egipcias, las de México y Centro América no se usaban como tumbas, pero en 1949 el arqueólogo Alberto Ruz hizo un hallazgo espectacular: tras cuatro años de excavaciones en el Templo de las Inscripciones, encontró la tumba del gobernante más importante de Palenque. No se ha encontrado ninguna otra pirámide maya construida especialmente con este fin. Nadie sabe por qué los mayas abandonaron la ciudad ni por qué razón desapareció una civilización tan avanzada.

Los mayas y los aztecas empleaban el chocolate en sus comidas y bebidas, y también usaban los granos de cacao como dinero. Todavía se usa para preparar el mole, o salsa de chile y chocolate. Otras palabras de origen azteca son tomate, maíz y chile. El maíz es la base de la dieta mexicana. Hay más de cuatro mil especies de este cereal en México. !Qué variedad! El maíz se usa principalmente para preparar tortillas. La tortilla es la base de más de cien platos diferentes. El tequila es la bebida nacional de México y se extrae del maguey. Se toma con una pizca de sal y un trocito de limón. Tal bebida es la base del coctel margarita. Los indios también usaban el maguey para hacer hilo y papel.

6

## VOCABULARY

| | |
|---|---|
| **pueblo, m.** | civilisation |
| **destacan (destacarse)** | stand out |
| **se encuentra (encontrarse)** | is found |
| **permaneció (permanecer)** | remained |
| **escondida** | hidden |
| **a diferencia de** | unlike |
| **se usaban (usar)** | were used |
| **tumba, f.** | tomb, grave |
| **hallazgo, m.** | find, discovery |
| **tras** | after, behind |
| **gobernante, m.** | governor |
| **comida, f.** | food |
| **bebida, f.** | drink |
| **grano, m.** | bean |
| **cacao, m.** | cocoa |
| **mole, m.** | spicy chocolate sauce |
| **tortilla, f.** | maize pancake |
| **pizca de sal, f.** | a pinch of salt |
| **hilo, m.** | fibre, cotton |

## Exercise 42

Rewrite these sentences, replacing the words underlined with an appropriate expression from the list provided and changing the form of other words, if necessary.

**sepulcros, se extinguió, variedades, como alimento, saca, fina, alimentación, culturas, vestigios**

1  En México hay ruinas de muchos <u>pueblos</u>.
2  Palenque da muestras de una arquitectura muy <u>refinada</u>.
3  Las <u>ruinas</u> de Palenque datan de los siglos VII y VIII.
4  Las pirámides mayas se usaban como <u>tumbas</u>.
5  No se sabe por qué la civilización maya <u>desapareció</u>.
6  Los mayas y los aztecas usaban el cacao <u>en comidas</u> y <u>bebidas.</u>
7  El maíz es la base de la <u>dieta</u> mexicana.
8  En México hay mas de cuatro mil <u>especies</u> de maíz.
9  El tequila se <u>extrae</u> del maguey.

## LOS MARIACHIS Y EL RODEO

Muy pocos países en el mundo se enorgullecen de tener tantos estilos diferentes de música y baile. Los indios precolombinos usaban instrumentos de viento y percusión y el baile desempeñaba un papel muy importante en su vida social y religiosa. Los españoles contribuyeron instrumentos de cuerda y los franceses agregaron los violines y las trompetas.

En la región de Guadalajara, esta combinación de instrumentos produjo entre otros los mariachis de Jalisco – el sonido mexicano de fama internacional. Su nombre viene de la palabra francesa *marriage* porque siempre tocaban en las bodas. Es imposible visitar México sin escuchar esta típica música.

Otro espectáculo muy popular en México es el rodeo, el cual combina la sutileza de la equitación con la pasión por los toros. Los aficionados ven cómo sus preferidos charros compiten en el manejo del caballo, tratan de tumbar un toro cogiéndolo por el rabo o intentan permanecer sentados sobre un potro cerril. El espectáculo es muy animado y muy emocionante. En tales ocasiones tampoco faltan los mariachis.

## VOCABULARY

| | |
|---|---|
| **se enorgullecen (enorgullecerse)** | are proud |
| **baile, m.** | dancing |
| **instrumentos de viento y percusión, m.** | wind and percussion instruments |
| **desempeñaba un papel (desempeñar)** | played a role |
| **contribuyeron (contribuir)** | contributed |
| **instrumento de cuerda, m.** | stringed instrument |
| **agregaron (agregar)** | added |
| **sonido, m.** | sound |
| **palabra, f.** | word |
| **boda, f.** | wedding |
| **sutileza, f.** | subtlety |
| **equitación, f.** | horsemanship |
| **charro, m.** | Mexican cowboy |
| **manejo del caballo, m.** | horse control |
| **tumbar el toro** | to 'throw' a bull |
| **rabo, m.** | tail |
| **permanecer sentado** | to remain seated |
| **potro cerril, m.** | bronco, wild horse |
| **animado** | lively, colourful |
| **emocionante** | exciting |

6

## Exercise 43

State whether each of the following statements is true (**verdadero**) or false (**falso**):

1 Los indios precolombinos tocaban instrumentos de cuerda.

2 Los españoles llevaron instrumentos de viento al Nuevo Mundo.

3 Los mariachis se originaron en Guadalajara.

4 Un charro es un vaquero mexicano.

5 Los mariachis son una orquesta famosa en Jalisco.

6 Los mariachis sólo tocan en las bodas.

7 Un rodeo es una mezcla de equitación y de corrida de toros.

8 En los rodeos se trata de tumbar a los toros.

9 Los franceses contribuyeron la trompeta y el violín a la música mariachi.

10 La música mariachi sólo se escucha en México.

## 13 ORDINAL NUMBERS

As the word 'ordinal' suggests, first, second, third are adjectives describing rank or consecutive order. In Spanish they are as follows:

| | |
|---|---|
| 1st | **primero/a** |
| 2nd | **segundo/a** |
| 3rd | **tercero/a** |
| 4th | **cuarto/a** |
| 5th | **quinto/a** |
| 6th | **sexto/a** |
| 7th | **séptimo/a** |
| 8th | **octavo/a** |
| 9th | **noveno/a** |
| 10th | **décimo/a** |

Note that **primero** and **tercero** drop their **-o** in front of a masculine noun:

**mi primer disco**          my first record
**el tercer capítulo**       the third chapter

But feminine forms are unaffected:

**su primera mujer**         his first wife

Ordinal numbers normally precede the noun, but they follow titles and centuries:

**Carlos Quinto**            Charles the Fifth
**el siglo segundo**         the second century

In written Spanish, Roman numerals tend to be used with monarchs and centuries:

**Carlos V**
**el siglo II**

Beyond 10th, cardinal numbers are normally used and these always follow the noun:

**el piso doce**             the twelfth floor
**el siglo veinte**          the twentieth century
**Luis Catorce**             Louis the Fourteenth

Ordinal numbers can also be used in the plural form:

**los primeros días**       the first days

Another way of expressing order or rank is by the use of the suffix **-avo/a** with numerals higher than ten:

**onceavo/a**               11th
**veinteavo/a**             20th
**treintaicincoavo/a**      35th
**cientocincuentavo/a**     150th
**milquinientosavo/a**      1500th

Exceptions to this rule are:

| | |
|---|---|
| **centésimo/a** | 100th |
| **milésimo/a** | 1000th |
| **diezmilésimo/a** | 10000th |
| **cienmilésimo/a** | 100000th |
| **millonésimo/a** | 1000000th |

This ending, however, is mostly used to refer to fractions above a tenth, as in the following examples:

| | |
|---|---|
| **un onceavo** | 1/11 |
| **cinco dieciseisavos** | 5/16 |
| **seis ochentavos** | 6/80 |
| **siete cientoquinceavos** | 7/115 |
| **veintiún doscientoscincuentavos** | 21/250 |

Note the following fractions:

| | |
|---|---|
| **un medio** | 1/2 |
| **un tercio** | 1/3 |

## 14   SUPERLATIVE OF ADJECTIVES

To describe a person or object as the 'best', 'biggest', 'most beautiful', etc., Spanish uses the definite article with **más** + adjective + **de**:

**el segundo país más grande de Hispanoamérica**
the second largest country in Spanish America
**la mujer más linda del pueblo**
the prettiest girl in town
**el coche más veloz de la carrera**
the fastest car in the race

Note that the only difference between the comparative and the superlative in Spanish is the presence of the definite article in front of the noun: **más grande** alone means 'bigger', but **la casa más grande** means 'the biggest house'.

The addition of an ordinal indicates its rank order:

**la tercera montaña más alta de Norteamérica**
the third highest mountain in North America
**la cuarta ciudad más poblada del mundo**
the fourth most populated city in the world

Note the irregular superlatives **mejor** (best) and **peor** (worst), and **mayor** (largest) and **menor** (smallest), precede the noun. However, **mayor** and **menor** can also mean 'eldest' and 'youngest', in which case they follow the noun. Both pairs can use the possessive adjective in place of the definite article, and keep their superlative meaning:

**mi mejor amigo**          my best friend
**su hermano mayor**     his elder/eldest brother

Note also the following phrases:

**La mayoría de sus colegas piensan igual.**
Most of his colleagues think likewise.
**Perdió la mayor parte del dinero en el casino.**
He lost most of the money in the casino.
**¿Quién tiene más amigos?**
Who has the most friends?

## 15 DISTANCES AND MEASUREMENTS

Note how Spanish expresses distance from a place by using the preposition **a**:

**a más de 1.500 kilómetros al sur de la capital**
more than 1500 km south of the capital
**Vivimos a unos treinta kilómetros de Veracruz.**
We live about thirty kilometres from Veracruz.

**¿A qué distancia estamos de Oaxaca?**
How far are we from Oaxaca?

Measurements are stated by using **tener tantos metros de largo, de alto, de ancho** (to be so many metres long, high, wide):

**¿Cuántos metros de alto tiene el Popocatépetl?**
How high is Mount Popocatépetl?
**El Popocatépetl tiene unos cinco mil cuatrocientos metros de alto.**
Mount Popocatépetl is about 5400 metres high.

**¿Cuántos kilómetros de largo tiene la frontera?**
How long is the border?
**La frontera tiene más de tres mil kilómetros de largo.**
The border is more than 3000 kilometres long.

Another way of referring to measurement is to use **altura**, **longitud** and **anchura**:

**El Popocatépetl tiene una altura de más de cinco mil cuatrocientos metros.**
or
**El Popocatépetl tiene más de cinco mil cuatrocientos metros de altura.**
Popocatepetl is over 5400 metres high.

**La frontera tiene más de 3.000 km de longitud.**
or
**La frontera tiene una longitud de más de 3.000 km.**
The border is over 3000 km long.

**Los Andes tienen una anchura máxima de 200 km.**
or
**Los Andes tienen 200 km de anchura máxima.**
The Andes have a maximum width of 200 km.

6

## Exercise 44

Answer the following questions fully in Spanish:

1 How long (in km) is Mexico's border with the US?
2 How long (in km) is Mexico's coast line?
3 What is the height of Mount Orizaba?
4 What claims can be made about Mexico's area and population when compared with other Spanish-American countries?

Make statements in Spanish about the following:

5 Mexico City boasts the largest population in the world (over 20 million en 2002).
6 Mexico also has one of the finest archaeological-anthropological museums in the world – El Museo Nacional de Antropología. (Use 'mejor'.)

## Exercise 45

6

Express the position of the four cities in terms of their distance and compass bearings from Mexico City. For example:

Saltillo está a setecientos kilómetros al norte del Distrito Federal.

## Exercise 46

Here are some geographical statistics about rivers, cities and mountains in the world. Make statements about the items marked with a star (*) using constructions such as **el ... más largo de**, etc:

<u>Ríos:</u>

El Nilo          6.670 km

El Amazonas    6.448 km*

El Mississippí   6.270 km

<u>Montañas:</u>

K2  8.661 m

Everest 8.863 m*

Kanchenjunga   8.598 m

<u>Ciudades capitales:</u>

Lhasa   a 3.684 m sobre el nivel del mar

La Paz   a 3.631 m sobre el nivel del mar

Bogotá   a 2.640 m sobre el nivel del mar*

## 16 FÁCIL, DIFÍCIL, POSIBLE, IMPOSIBLE

These adjectives are followed by infinitives when they precede the nouns they qualify:

**No es fácil entender tu acento.**
It is not easy to understand your accent.
**Es imposible visitar México sin escuchar música mariachi.**
Its impossible to visit Mexico and not listen to Mariachi music.

But when the sentence is reversed and these adjectives follow the qualified nouns, **de** precedes the infinitive:

**Tu acento no es fácil de entender.**
Your accent is not easy to understand.
**El Popocatépetl es difícil de escalar.**
Mount Popocatepetl is difficult to climb.

## 17 TAL, TAN, TANTO

As we have seen, 'such a' is translated by **tal** or, in the plural, **tales**:

**tal tierra**              such a land
**tales hombres**           such men

**Tal** is an adjective, agreeing with the noun it limits, but since it ends in a consonant, it has no feminine form distinct from the masculine.

In English 'such' and 'such a' are used in combination with an adjective – for example, 'such a mountainous land' or 'such tall men'. The Spanish equivalent, **tal**, cannot be used with an adjective. Instead, the adverb **tan** is used:

**una tierra tan montañosa**
**hombres tan altos**

**Tan** is unchangeable, since it is not an adjective but an adverb.

**Tanto**, **tanta** are adjectives meaning 'so much' (with uncountable nouns) and **tantos**, **tantas** mean 'so many':

**tanto oro**                   so much gold
**tantos estilos de música**    so many types of music

## 18 ¡QUÉ VOLCÁN TAN / MÁS ALTO!

Used to express appreciation or criticism, **tan** and **más** are interchangeable. The adjective still needs to agree with the noun to which it refers:

**¡Qué ideas más interesantes!**
What interesting ideas!
**¡Qué programa tan aburrido!**
What a boring program!

Of course **¡Qué!** can be used on its own with a noun:

**¡Qué hombre!** What a man!
**¡Qué lástima!** What a pity!
**¡Qué montañas!** What mountains!

## Exercise 47

Make exclamations following the example:

chica guapa
¡Qué chica más/tan guapa!

1 ciudad limpia
2 canciones románticas
3 problema grande
4 coche lujoso
5 casas caras
6 ruinas antiguas
7 montaña alta
8 descubrimiento importante
9 comida variada
10 espectáculo interesante

## Exercise 48

Rewrite the following sentences as shown in
the example:

Es imposible hacer esto. = Esto es imposible de hacer.

1 Es fácil preparar este plato.
2 Es difícil armar este rompecabezas.
3 Es imposible resolver este problema.
4 Es complicado reparar el coche.
5 No es fácil visitar Palenque.

Now do the reverse:

6 Ese cuadro no fue fácil de pintar.

7 El resultado será posible de predecir.

8 La novela clásica moderna es difícil de interpretar.

9 Tu letra [handwriting] es completamente imposible de entender.

10 Las inscripciones en las pirámides son difíciles de descifrar.

---

## LISTENING PRACTICE

*La conquista de México*

¿Cómo pudo ser que solamente quinientos cincuenta soldados españoles con sólo dieciséis caballos, algunos perros y varios cañones pudieran haber derrotado a miles de guerreros aztecas en 1521? Hay dos posibles explicaciones: la codicia de los conquistadores y la ingenuidad de los aztecas. Los aztecas llevaban una vida sometida a las señales divinas y a los augurios de los horóscopos. Moctezuma, el gran emperador azteca, creía que Hernán Cortés era el dios Quetzacóatl, quien se había ido hacia el este en el año 987, con la promesa de volver en el año Ce Atl. Por una extraña coincidencia, entre 1517 y 1519 ocurrieron varios hechos que parecían indicar que algo muy importante iba a pasar: un cometa nuevo apareció en el oriente durante cuarenta días; un incendio destruyó las torres del templo Huitzilopochtli y un ejército azteca resulto diezmado en un terremoto. Para colmo de las desgracias, Cortés desembarcó en la costa oriental de México en 1519, ¡el año del presagiado regreso de Quetzacóatl!

Al llegar al valle de Anáhuac, Cortés vio por primera vez Tenochtitlán. Moctezuma salió a recibirlo acompañado de una gran muchedumbre entre quienes figuraba una mujer india llamada Malinche quien hablaba varias lenguas indígenas y podía servir de intérprete entre Cortés y el pueblo azteca. Moctezuma le obsequió a Cortés oro y piedras preciosas y lo invitó a vivir en su palacio. Inclusive le regaló el tesoro de su padre y mandó traer más oro y plata de otras partes de su reino. A pesar de su gran generosidad Moctezuma terminó como rehén de Cortés. La noche del 30 de junio de 1520, recordada por los españoles como la 'Noche Triste', los aztecas atacaron el palacio de Axayactl, donde se habían refugiado los españoles. Muchos de éstos murieron a manos de los aztecas o, según se dice, se ahogaron en el lago por el peso del oro que llevaban. Cortés logró escapar con sólo la mitad de sus soldados.

Otro factor decisivo en la conquista de México fue la colaboración que recibió Cortés de otros indios ya subyugados por los aztecas, los cuales querían aprovechar la oportunidad para vengarse de sus amos. Además los españoles supieron utilizar la pólvora y los caballos muy efectivamente para aterrorizar a los indios.

## VOCABULARY

| | | | |
|---|---|---|---|
| **haber derrotado** | to have defeated | **incendio, m.** | a fire |
| **guerrero, m.** | warrior | **ejército, m.** | army |
| **codicia, f.** | greed | **diezmado** | decimated |
| **ingenuidad, f.** | naivety | **terremoto, m.** | earthquake |
| **sometida** | subjected | **para colmo de las desgracias** | to cap it all |
| **señal divina, f.** | heavenly sign | **desembarcó (desembarcar)** | to land |
| **augurio, m.** | omen | **presagiado (presagiar)** | foretold |
| **por una extraña coincidencia** | by a strange coincidence | **recibirlo** | to greet him |
| **hecho, m.** | event | **muchedumbre, f.** | crowd |

| | | | |
|---|---|---|---|
| **servir de intérprete** | to serve as interpreter | **mitad, f.** | half |
| **le obsequió (obsequiar)** | gave him | **subyugados** | subjected, conquered |
| **piedra preciosa, f.** | precious stone, jewel | **aprovechar** | to take advantage of |
| **mandó (mandar)** | ordered | **vengarse** | to take revenge |
| **a pesar de** | in spite | **amo, m.** | master |
| **rehén, m.** | hostage | **pólvora, f.** | gunpowder |
| **se ahogaron (ahogarse)** | drowned | **aterrorizar** | to terrorise |

## Exercise 49

Answer the following questions in Spanish:

**6**

1 What were the two most important reasons for the Spaniards' victory?

2 Why did Moctezuma believe Cortés was a god?

3 How did Moctezuma receive Cortés?

4 How did Moctezuma and Cortés communicate?

5 How did Cortés repay Moctezuma's generosity?

6 Why did the other indians prove helpful to Cortés?

7 What most frightened the indians?

8 Why did the Aztecs attack Cortés' army?

9 Who called the night of June 30th, 1520 'la Noche Triste' and why?

10 How did the Spanish soldiers die?

# Lesson 7

You will read about:
- Cuba
- Central America – Guatemala, El Salvador, Honduras, Nicaragua, Costa Rica, and the Panama Canal

You will study:
- prepositional verbs
- use of the subjunctive after expressions of doubt, probability and possibility

## CUBA

A menos de ciento cincuenta kilómetros de Miami se encuentra Cuba, la isla más grande de las Antillas, con una superficie de más de 110.800 kilómetros cuadrados y una población aproximada de diez millones de habitantes (2002). Fue descubierta por Cristóbal Colón en 1492 y fue allí donde los españoles encontraron el tabaco por primera vez. Hoy día Cuba produce el tabaco más cotizado del mundo. Cuba es conocida como 'la Perla de las Antillas' por la belleza de sus montañas, ríos, valles y playas.

Por su situación en el mar Caribe, Cuba goza de un clima muy agradable todo el año. Tiene una longitud de 1.225 km y sus costas se encuentran rodeadas de muchos cayos e islas, la principal de las cuales es la Isla de Pinos, también llamada la Isla de la Juventud porque es el sitio preferido por los jóvenes cubanos para sus vacaciones.

La cadena montañosa más alta es la Sierra Maestra y en el centro de la

¿Sabía Ud. que ...?

- Costa Rica no ha tenido ejército desde 1948 y sin embargo es el país más pacífico del área.

- El quetzal, pájaro de mucho colorido y belleza, es el símbolo nacional y el nombre de la moneda de Guatemala.

- El nombre de Cuba viene de la palabra Cubanacán, nombre dado al centro de la isla por los indios caribes que la habitaban a la llegada de Colón.

isla se encuentra la Sierra de Escambray. En estas áreas montañosas se cultiva el café; en las zonas llanas se cultiva la caña de azúcar. La época del corte y la molienda de la caña en los ingenios se llama la 'zafra' y a los meses de inactividad entre zafras se les llama 'tiempo muerto'.

Por su situación estratégica, Cuba se convirtió en un centro importante para la exploración y colonización españolas, desde donde se organizaban y se abastecían expediciones hacia otras partes del nuevo continente. Hernán Cortés salió de Cuba a explorar y finalmente conquistar México, y también Hernando de Soto, quien exploró grandes áreas de Norteamérica y descubrió el río Mississippi.

El rey Felipe II nunca dudó que Cuba podría ser el blanco de los ataques ingleses y franceses, así que hizo construir el Castillo del Morro, en una colina a la estrecha entrada del puerto de la Habana. Esta fortificación protegió la isla hasta 1762, cuando cayó en manos de los ingleses. Esa ocupación sólo duró un año, pues al año siguiente los ingleses cambiaron Cuba por la Florida. El arribo de los ingleses a Cuba aumentó el comercio y la llegada de refugiados franceses de Haití a finales del siglo XIX ayudó a mejorar la producción agrícola.

Cuba fue la última colonia española en el continente americano, habiendo ganado su independencia en 1898. El gran poeta José Martí fue el héroe de la revolución cubana contra España y la inspiración de la Guerra de Independencia de 1895; tristemente, Martí murió antes de ver realizado su sueño. Martí nunca dudó que los estadounidenses ayudarían a los cubanos en su lucha por la independencia, pero se habría sorprendido al saber que sus aliados, a consecuencia de la guerra entre Estados Unidos y España en 1898, ocuparon militarmente la isla y se apoderaron del ochenta por ciento del territorio. Cuando decidieron salir de Cuba en 1902, los Estados Unidos se reservaron el derecho de establecer una base naval en la bahía de Guantánamo, que hasta la fecha sigue en su poder.

7

## VOCABULARY

| | |
|---|---|
| **cotizado** | valued, sought after |
| **cayo, m.** | key, islet |
| **juventud, f.** | youth |
| **jóvenes, m.** | young people |
| **corte, m.** | cutting, harvest |
| **molienda, f.** | milling (of sugar cane) |
| **ingenio, m.** | sugar cane mill |
| **se les llama (llamar)** | are called |
| **se convirtió (convertirse)** | became |
| **se abastecían (abastecerse)** | were supplied |
| **blanco, m.** | target |
| **cayó en manos (caer)** | fell into the hands |
| **arribo, m.** | arrival |
| **llegada, f.** | arrival |
| **refugiado, m.** | refugee |
| **aliado, m.** | ally |
| **territorio, m.** | land |
| **se reservaron el derecho (reservarse)** | reserved the right |
| **poder, m.** | possession |

## Feature

### 'GUANTANAMERA'

Una de las canciones más populares del habla hispana se titula 'Guantanamera', se basa en una colección de poesías del poeta y héroe nacional cubano José Martí:

Yo soy un hombre sincero
De donde crece la palma
Y antes de morirme quiero
Echar mis versos del alma.

Mi verso es de un verde claro
Y de un carmín encendido.
Mi verso es un ciervo herido
Que busca en el monte amparo.

Por los pobres de la tierra
Quiero yo mi suerte echar.
Que el arroyo de la sierra
Los complace más que el mar.

## VOCABULARY

| | |
|---|---|
| **guantanamera, f.** | (Goajiro indian) from Guantanamo |
| **crece (crecer)** | grows |
| **palma, f.** | palm tree |
| **verso, m.** | poem, poetry |
| **alma, f.** | soul, heart |
| **carmín** | bright red |
| **ciervo, m.** | deer |
| **monte, m.** | the mountains |
| **amparo, m.** | refuge |
| **echar mi suerte** | to throw in my lot (with the poor) |
| **arroyo, m.** | stream |

## Exercise 50

State whether each of the following statements is true (**verdadero**) or false (**falso**):

1 A Cuba se la conoce como la Perla de las Antillas.

2 La caña de azúcar se cultiva en las regiones bajas.

3 El castillo del Morro fue construido por los ingleses.

4 El deseo de Martí se cumplió durante su vida.

5 Los Estados Unidos todavía tienen una base naval en Cuba.

6 El tiempo muerto es cuando no se cosecha.

7 En 1763 los ingleses cambiaron a Cuba por la Florida.

8 El nombre de Cuba se deriva de una palabra caribe.

9 Cuba fue un centro estratégico para la exploración española.

10 'Guantanamera' fue compuesta por Martí.

## CENTROAMÉRICA

Centroamérica es un caleidoscopio de paisajes y gentes, cada uno con sus características y atractivos propios. Los países de habla hispana en Centroamérica son: Guatemala, el Salvador, Honduras, Nicaragua, Costa Rica y Panamá. Colón pisó tierra centroamericana en su cuarto viaje cuando desembarcó en la costa de lo que hoy es Honduras.

En el siglo IX el imperio de los mayas, que ocupaba gran parte de la América Central, empezó a decaer. Es probable que esto se debiera a que los mayas empezaron a sufrir reveses a manos de otras tribus, como los toltecas, los pipiles y los misquitos. Cada tribu era independiente y vivía aislada en su propio territorio. A la llegada de los españoles es muy posible que la región ya estuviera dividida. Durante la colonia fue escenario de muchas rivalidades entre los conquistadores y cuando éstos se dieron cuenta de que no iban a encontrar los tesoros de México y Perú se dirigieron a otras áreas, lo cual ocasionó que la región nunca se colonizara de forma sistemática.

En 1821, después de la proclamación de la independencia mexicana, las Provincias Unidas de Centro de América declararon su independencia, pero las rivalidades y ambiciones locales condujeron a la guerra civil que puso fin a este intento de unión. Desde entonces, los países centroamericanos han estado divididos y dominados por los Estados Unidos.

### VOCABULARY

| | |
|---|---|
| **paisaje, m.** | landscape |
| **gente, f.** | people |
| **decaer** | to decline |
| **revés, m.** | defeat |
| **se dieron cuenta (darse)** | realised |
| **se dirigieron (dirigirse)** | went to |
| **puso fin (poner)** | put an end |
| **intento, m.** | attempt |

## GUATEMALA

El territorio guatemalteco es predominantemente montañoso y volcánico. Aunque sólo hay dos volcanes activos, los terremotos y la actividad volcánica han jugado un papel importante en la historia y el paisaje del país. En 1773 un sismo destruyó la capital colonial, Antigua. En 1917 la nueva capital, Guatemala, fue completamente destruida. El terreno volcánico, de otra parte, junto con una abundancia de agua, hacen de Guatemala el país más fértil de la región. Debido a esto, su economía está casi totalmente basada en la agricultura, cuyos principales productos son el café y el banano. Los lagos de Guatemala, especialmente el Atitlán, el Amatitlán y el Izabal son no sólo un importante recurso natural, sino también áreas de gran belleza.

Guatemala fue el centro de la civilización maya, la más avanzada de la América precolombina, cuyos conocimientos matemáticos, astronómicos y arquitectónicos contrastan con el extraño hecho de que no conocieron la rueda. Los mayas dejaron numerosos vestigios de su civilización, muchos de los cuales han sido excavados. El principal de éstos es Tikal, en el norte del Guatemala, que cubre un área de 15 kilómetros cuadrados y contiene más de 3.000 estructuras, entre las cuales se cuentan una gran pirámide, plazas y monumentos.

## VOCABULARY

| | |
|---|---|
| **guatemalteco, m.** | Guatemalan |
| **terremoto, m.** | earthquake |
| **sismo, m.** | earth tremor |
| **junto con** | together with |
| **debido a esto** | owing to this |
| **vestigio, m.** | vestige, remnants |

## EL SALVADOR

El Salvador es el más pequeño de los países centroamericanos, el más densamente poblado y el único sin
costas en el Océano Atlántico. Tiene una población
homogénea y uniformemente distribuida por todo el país.

Al igual que en los otros países del área, la principal
industria en el Salvador es la agricultura. Más del 60 por
ciento de la tierra está dedicada a la agricultura, en la cual se
ocupa el 75 por ciento de la población. El principal producto
de exportación salvadoreño es el café. Para asegurarse un
buen futuro, es necesario que la economía salvadoreña se
diversifique y así no siga dependiendo exclusivamente de un
sólo producto que la hace esclava de las fluctuaciones del
mercado internacional.

Por encontrarse en una zona de actividad sísmica, el
Salvador ha experimentado frecuentes terremotos y
erupciones volcánicas causadas por su principal volcán, el
Santa Ana, de 2.385 m de altura.

### VOCABULARY

| | |
|---|---|
| **al igual que** | like |
| **ocupa (ocupar)** | employs |
| **asegurarse** | ensure |
| **se diversifique (diversificarse)** | diversify |
| **dependiendo (depender)** | depending |

## Exercise 51

Complete the following statements with the appropriate word:

**Tikal, sismos, guerra civil, rueda, oro, decadencia, El Salvador, agua, desembarcó**

1 En su cuarto viaje Colón … en Honduras.
2 El principal objetivo de los conquistadores fue encontrar … .
3 En 1821 la … terminó con la unión de los países centroamericanos.
4 Guatemala es muy fértil en parte debido a que tiene … en abundancia.
5 El principal vestigio de la civilización maya en Guatemala es … .
6 A pesar de su avanzada civilización, los mayas no conocieron la … .
7 … es el más pequeño de los países centroamericanos.
8 El Salvador está en una zona que sufre muchos …
9 A la llegada de los españoles a América Central los mayas estaban en … .

**7**

## HONDURAS

Honduras se destaca por su riqueza forestal, la cual produce gran variedad de maderas finas. Se cree que Cristóbal Colón le dio a la región el nombre de Honduras por la profundidad de las aguas alrededor de sus costas. La mayoría de la población hondureña vive de la agricultura, y el banano constituye más del 50 por ciento de las exportaciones. También se cultivan el café, la caña de azúcar y el maíz. Como en la época de los mayas, el maíz continúa siendo el principal alimento para la mayoría de la población.

Debido al mejoramiento de las condiciones sanitarias, la población está bien distribuida, aunque un gran número de sus habitantes vive en la capital, Tegucigalpa. La moneda hondureña es el Lempira, en honor a su más famoso cacique, quien ocasionó muchas derrotas a los españoles y quien, como otros líderes indios, fue traicionado y asesinado por los conquistadores.

## VOCABULARY

| | |
|---|---|
| **forestal** | timber (adj.) |
| **madera, f.** | wood, timber |
| **mejoramiento, m.** | improvement |
| **hondureña, f.** | Honduran |
| **cacique, m.** | chieftain |
| **derrota, f.** | defeat |
| **líder, m.** | leader |

## NICARAGUA

Por sus lagos y ríos, Nicaragua fue y aún sigue siendo la ruta alterna para la construcción de un segundo canal interoceánico en Centroamérica.

Nicaragua también es famosa por sus volcanes y por su frecuente actividad sísmica, la cual ha ocasionado la destrucción de la capital, Managua, en más de una ocasión.

La mayoría de la población nicaragüense vive en la costa pacífica, alrededor de los lagos Nicaragua y Managua y se ocupa principalmente de la agricultura y la ganadería. Los principales productos son el café, el algodón y la carne.

El nombre de Nicaragua parece derivarse del la palabra azteca *nec*, que significaba guerrero valiente, y de *aguaraco*, nombre de las tribus que ocuparon parte del país.

Una figura nicaragüense importante fue Rubén Darío, nombre de pluma de Félix Rubén García Sarmiento, quien desarrolló e impulsó el modernismo en la poesía española, no sólo en Hispanoamérica, sino también en España.

## VOCABULARY

| | |
|---|---|
| **ruta alterna, f.** | alternative route |
| **ha ocasionado (ocasionar)** | has caused |
| **ganadería, f.** | cattle breeding |
| **algodón, m.** | cotton |
| **carne, f.** | beef |
| **nicaragüense** | Nicaraguan |

## Exercise 52

Rewrite these sentences replacing the words underlined with an appropriate expression from the list provided and changing the form of other words, if necessary.

**por mucho tiempo, indios, la capital, mayor recurso, escritor, terremotos, cacique**

1 La <u>riqueza</u> de Honduras son sus maderas.

2 El Lempira debe su nombre a un <u>líder</u> indio.

3 El maíz ha sido el alimento principal de los hondureños <u>desde la época de los mayas</u>.

4 La mayoría de la población hondureña vive en <u>Tegucigalpa</u>.

5 Managua ha sido destruida varias veces por la <u>actividad sísmica</u>.

6 Aguaraco es el nombre de las <u>tribus</u> que ocuparon parte de Nicaragua.

7 Rubén Darío fue un <u>poeta</u> distinguido.

## COSTA RICA

Costa Rica no es muy diferente en aspecto físico a los otros países centroamericanos. La selva tropical ocupa casi la mitad de su territorio y es fuente de maderas finas como el cedro y de una gran variedad de orquídeas. Su principal industria es la agricultura, cuyos principales productos son el café, el banano y el cacao. Se espera que el turismo, y especialmente el ecoturismo, contribuya en gran medida a la economía costarricense en los próximos años.

La población de Costa Rica es una de las más educadas de la región, con un nivel de alfabetismo de más del 85 por ciento. Se dice que en Costa Rica hay más maestros que soldados, pues a más de no haber ejército, la proporción de maestros a alumnos es bastante alta.

Muy cerca del volcán Turrialba se encuentra el Monumento Nacional del Guayabo, el principal sitio arqueológico de Costa Rica. Las excavaciones han revelado un complicado sistema de vías, acueductos y aceras, así como escaleras, tumbas, esculturas y plataformas circulares. Los arqueólogos creen que la ciudad existió desde el año 1000 a.C. hasta el 1400 d.C. y que tuvo cerca de 10.000 habitantes. Las ruinas cubren cerca de 210 hectáreas, de las cuales solo 50 han sido excavadas.

Muchos artefactos, incluyendo piezas de alfarería y campanas de oro, se exhiben en el Museo Nacional de San José. Nadie sabe qué le sucedió a la civilización del Guayabo y este enigma añade misterio a la paz del bosque que circunda las ruinas. En este sitio tan tranquilo, se puede uno olvidar de las complicaciones y preocupaciones de la vida moderna.

**7**

## VOCABULARY

| | |
|---|---|
| **es fuente** | is the source of |
| **cedro, m.** | cedar |
| **en gran medida** | to a great extent |
| **costarricense** | Costa Rican |
| **alfabetismo, m.** | literacy |
| **proporción, f.** | ratio |
| **vía, f.** | road |
| **acueducto, m.** | water works |
| **acera, f.** | pavements, sidewalks |
| **escalera, f.** | staircase |
| **artefacto, m.** | object, artefact |
| **alfarería, f.** | pottery |
| **campana de oro, f.** | golden bell |
| **añade (añadir)** | adds |
| **circunda (circundar)** | surrounds |
| **se puede uno olvidar** | one can forget |

## EL CANAL DE PANAMÁ

Panamá se conoce como el país del Canal. El istmo de Panamá siempre había sido una ruta importante entre los océanos Pacifico y Atlántico, pero los españoles, por temor a los ataques de los piratas ingleses, nunca se atrevieron a construir un canal.

Cuando en 1848 los norteamericanos ocuparon California, se hizo aún más urgente la construcción de un canal y con este propósito se formó una compañía presidida por el gran ingeniero francés Fernando de Lesseps, constructor del Canal del Suez.

En 1881 Lesseps llegó a Panamá para dirigir la construcción del Canal. Seis años más tarde habían muerto unos cincuenta mil trabajadores, se había excavado más tierra de la que se removió para hacer el Canal del Suez, se había gastado todo el dinero de la compañía francesa, pero no se había construido mucho.

A pesar del fracaso de los franceses, en 1904 los norteamericanos empezaron otra vez la construcción encontrando las mismas dificultades: enfermedades tropicales, derrumbes frecuentes y condiciones de vida muy primitivas. Pero los norteamericanos terminaron el proyecto gracias al trabajo de dos hombres: el coronel Gorgas, quien eliminó casi por completo la fiebre amarilla de la Zona del Canal, y el coronel Goethal, ingeniero del ejército norteamericano, quien inventó la maquinaria para excavar y transportar millones de toneladas de tierra. El Canal, que se inauguró en 1914, costó muchas vidas y 365 millones de dólares, cinco veces más que el Canal del Suez.

El Canal cruza el istmo por su parte más estrecha, tiene 82 kilómetros de largo y se encuentra en la Zona del Canal, territorio que se extiende 8 kilómetros a cada lado del Canal. Unos 14.000 barcos pasan por el Canal anualmente dejando unos $40 millones de dólares en peajes. El Canal fue administrado por los Estados Unidos hasta el 31 de diciembre 1999, cuando pasó, a regañadientes, a manos panameñas.

## VOCABULARY

| | |
|---|---|
| **istmo, m.** | isthmus |
| **por temor** | for fear |
| **con este propósito** | for this purpose |
| **se formó (formarse)** | was formed |
| **presidida (presidir)** | presided, headed |
| **fracaso, m.** | failure |
| **derrumbe, m.** | landslide |
| **maquinaria, f.** | machines |
| **se inauguró (inaugurarse)** | opened |
| **cruza (cruzar)** | crosses |
| **peaje, m.** | toll |
| **a regañadientes** | grudgingly |

## Exercise 53

Answer the following questions in Spanish:

1 ¿De qué actividad espera Costa Rica generar ingresos en el futuro?

2 ¿Por qué se dice que la población de Costa Rica es la más educada de América Central?

3 ¿Durante cuántos siglos se cree que existió la ciudad excavada en el Monumento Nacional del Guayabo?

4 ¿Qué le pasó a la civilización del Guayabo?

5 ¿Quién construyó el Canal del Suez?

6 ¿Por qué los españoles no construyeron un canal?

7 ¿Qué hizo el coronel Gorgas para ayudar a la construcción del Canal?

8 ¿Cuándo se terminó el Canal?

VERB + PREPOSITION + NOUN

English verbs often take similar prepositions to their Spanish equivalents in front of their noun objects:

**condujeron a la guerra civil**  led to civil war
**exponerse a**                   to be exposed to

More often English verbs take prepositions when their Spanish equivalents take none, or vice versa. These are some Spanish verbs that require a preposition although their English equivalents don't:

**abusar de**      to misuse, to abuse
**acercarse a**    to approach
**acordarse de**   to remember
**apoderarse de**  to seize
**asistir a**      to attend
**burlarse de**    to mock
**disfrutar de**   to enjoy
**enterarse de**   to learn, find out
**faltar a**       to break (one's word, promises)
**fiarse de**      to rely on
**fijarse en**     to notice
**gozar de**       to enjoy
**olvidarse de**   to forget
**parecerse a**    to resemble
**pasar de**       to exceed
**recordar a**     to remember  (someone)
  **(alguien)**
**renunciar a**    to renounce
**salir de**       to leave
**servirse de**    to use
**tirar de**       to pull

Conversely, the following Spanish verbs do not require the prepositions of their English equivalents:

**agradecer**   to be grateful for
**aguantar**    to put up with
**aprovechar**  to take advantage of

| buscar | to look for |
|--------|------------|
| **escuchar** | to listen to |
| **lamentar** | to be sorry about |
| **mirar** | to look at |
| **pagar** | to pay for |
| **sentir** | to be/feel sorry about |

## Exercise 54

Insert a preposition if required in the following sentences:

1 Ha faltado ... su palabra y no escucha ... consejos.
2 Fíjate bien ... lo que te digo y no te olvides ... cumplirlo.
3 Disfruten ... la naturaleza y no abusen ... ella.
4 Agradezco ... tu colaboración y me fío ... ti totalmente.
5 Cuando asiste ... las clases, recuerda mucho ... su otra profesora.
6 Siento ... la muerte de tu tío; siempre me acordaré ... él.
7 No te fíes ... nadie y aguanta ... todo sin quejarte.
8 Salió ... su habitación y se olvidó ... todo.
9 Fijate ... su cara y no te fíes ... él.
10 Me acerqué ... la caja y pagué ... la cuenta.

## 20 THE SUBJUNCTIVE EXPRESSING DOUBT

The subjunctive is used after verbs or expressions of doubt. For example:

**Dudo que venga.**
I doubt he'll come.
**No parece que vaya a llover.**
It doesn't look like rain.
**Es increíble que haya dicho eso.**
It's incredible that he should have said that.

But if the doubt is negated, the verb reverts back to the indicative:

**No dudo que vendrá.**
I don't doubt he'll come.
**Es obvio que va a llover.**
It looks like rain.
**Es verdad que dijo eso.**
It's true he said that.

## 21 THE SUBJUNCTIVE AFTER VERBS OF THINKING OR SAYING

The subjunctive is used after verbs of thinking or saying used negatively or interrogatively. For example:

**No creo que vaya a nevar.**
I don't think it'll snow.
**No me imagino que él sepa la verdad.**
I can't imagine he knows the truth.
**¿Piensan que tu vecino pueda ser culpable?**
Do they think your neighbour is guilty?
**¿Insinúan que yo sea mentiroso?**
Are they saying I'm a liar?

But when the main verb has a positive sense, the subordinate verb is in indicative, since what follows is seen as a definite fact:

**Estamos convencidos de que la quieres.**
We're convinced that you love her.
**Te digo que se casaron.**
I'm telling you they got married.
**Estoy seguro de que viene.**
I'm sure he's coming.

7

And after the negative imperative of a verb of thinking or saying, the indicative is used:

**No creas que soy tonto.**
Don't think I'm a fool.
**¡No me digas que te casaste!**
Don't tell me you got married!

The indicative is used after verbs of thinking, in interrogative form, if the statement that follows has a high probability of being true. Compare:

**¿Crees que el viaje es largo?**
Do you think the trip will be long?
**¿Crees que el viaje sea largo?**
Do you think the trip may be long?

## Exercise 55

Put the infinitive into the correct verb form:

**1** Dudo que (ser) antipática.
**2** No creo que las dos (ser) gemelas.
**3** Te digo que nadie (darse cuenta).
**4** ¿Crees que Juan (querer) decir algo?
**5** No pienses que (ser) cierto.
**6** Creo que Pedro no (venir) a la fiesta.
**7** Parecía que (ir) a nevar.
**8** Me imagino que tú (sacar) buenas notas.
**9** Es obvio que ella te (haber mentido).
**10** Yo no creo que ellos me (poder) vigilar todo el tiempo.

*Conversación con un funcionario de inmigración*

FUNCIONARIO **Buenas tardes.**

SAM JONES **Buenas tardes.**

FUNCIONARIO **¿Cuánto tiempo piensa quedarse en Guatemala?**

SAM JONES **Tres meses, espero. Quiero asistir a un curso de español en Antigua y es posible que me quede un trimestre. Ya me matriculé por dos meses, pero me han dicho que quizá necesite cuatro semanas más de clase.**

FUNCIONARIO **¿Y Ud. ya pagó el curso?**

SAM JONES **Sí, aquí está el recibo.**

FUNCIONARIO **¿Tiene su billete de regreso ya comprado?**

SAM JONES **Sí.**

FUNCIONARIO **¿Me permite verlo?**

SAM JONES **Tenga. No dudo que todo está en orden.**

FUNCIONARIO **Sí, muy bien. Y ¿dónde va a alojarse?**

SAM JONES **No estoy seguro, pero tal vez nos alojan con familias guatemaltecas.**

FUNCIONARIO **¿Ha traído suficiente dinero para pagar el alojamiento y otros gastos?**

SAM JONES **Tengo cinco millones de quetzales y existe la posibilidad de que mis padres me manden más a través del banco el mes que viene.**

FUNCIONARIO **Bueno, le voy a dar una visa para cuatro meses y a lo mejor decida pasear un poco.**

SAM JONES **Estupendo. Muchas gracias.**

FUNCIONARIO **De nada. ¡Qué disfrute su estadía en Guatemala!**

SAM JONES **Gracias. Adiós.**

**7**

| | |
|---|---|
| **asistir** | to attend |
| **me matriculé (matricularse)** | enrolled, registered |
| **mandé (mandar)** | sent |
| **plaza, f.** | place |
| **billete de regreso, m.** | return ticket |
| **alojarse** | to lodge, to stay |
| **alojamiento, m.** | lodgings |
| **pasear** | to go sight-seeing |
| **estadía, f.** | stay |

## Exercise 56

Answer the following questions in Spanish:

1 ¿Cuántos meses más de clase cree Sam que va a necesitar?

2 ¿Dónde se va a quedar?

3 ¿Cuánto dinero ha traído?

4 ¿Cuánto tiempo le dan de visa?

5 ¿En qué ciudad es el curso?

**7**

# Lesson 8

You will read about:
- Colombia and Venezuela
- the world's highest waterfall – el Salto Angel
- Venezuelan oil and ecotourism

You will study:
- the use of the neuter pronoun 'lo'
- 'el de', 'la de', 'el que', 'la que', etc
- the use of the passive with 'se' and reflexive verbs

## COLOMBIA

Colombia se conoce como 'la puerta de Suramérica' por su situación en la esquina noroeste del subcontinente, enclavada entre Panamá y el océano Pacífico al occidente, el mar Caribe al norte, Venezuela y Brasil al oriente, Perú y Ecuador al sur.

Tiene una superficie de 1.138.910 km² y es el único país suramericano con costas en los océanos Pacífico y Atlántico. En el norte del Ecuador y el sur de Colombia los Andes se dividen en tres ramas que se extienden hasta Venezuela. La topografía en esta parte del país es muy accidentada: montañas muy elevadas, muchas de ellas volcanes, cubiertas de nieves perpetuas, que se intercalan con valles

> ¿Sabía Ud. que ...?
>
> - Colombia y Venezuela junto con Ecuador formaron un país independiente, la Gran Colombia, hasta 1830.
>
> - Venezuela significa 'pequeña Venecia' y se le llamó así porque los primeros exploradores encontraron en el lago Maracaibo chozas construidas sobre pilotes de madera (palafitos) los cuales les recordaban la ciudad de Venecia.
>
> - Colombia es el único país que honra con su nombre a Colón, el descubridor de América.

muy profundos. El oriente del país se caracteriza por la presencia de terrenos muy bajos y planos (los llanos) y el sur hace parte del bosque tropical húmedo amazónico.

Colombia posee casi la mitad de todas las reservas de carbón conocidas en Latinoamérica y sus montañas son muy ricas en minerales preciosos – oro, platino y esmeraldas. Las esmeraldas colombianas son famosas en todo el mundo por su belleza y alta calidad. Así como el petróleo constituye la riqueza principal de Venezuela, el primer producto colombiano es el café, que representa para Colombia el quince por ciento del mercado mundial.

El café lleva más de dos siglos cultivándose en Colombia, desde fines del siglo XVIII cuando se importaron las primeras semillas de las Antillas Francesas. Hoy día los cafetales se extienden por aquellas zonas que reúnen las condiciones climáticas adecuadas, en las laderas de la cordillera central. Sin embargo, como más de la mitad del país está cubierto de bosques y selvas, solamente una proporción muy reducida del territorio, alrededor del dos por ciento, está dedicada a este cultivo. Lo mejor del café colombiano es su aroma y suavidad.

## VOCABULARY

| | |
|---|---|
| **esquina, f.** | corner |
| **enclavada entre** | bordered by |
| **se dividen en tres ramas (dividirse)** | split into three branches |
| **se extienden hasta (extenderse)** | they reach as far as |
| **muy accidentada** | very rugged |
| **nieve perpetua, f.** | permanent snow |
| **se intercalan (intercalar)** | alternate |
| **llano, m.** | plains |
| **hace parte de (hacer)** | is part of |
| **bosque tropical húmedo, m.** | tropical rainforest |
| **carbón, m.** | coal |

8

| lleva dos siglos cultivándose | has been grown for two centuries |
| cafetal, m. | coffee plantation |
| ladera, f. | hillside |

## Exercise 57

Complete the following sentences.

**1** Por estar situada en la esquina noroeste de Suramérica a Colombia se le llama ... .

**2** Colombia debe su nombre a ... .

**3** Los llanos colombianos se encuentran al ... del país.

**4** Colombia, Venezuela y Ecuador formaron ... .

**5** Entre los minerales, el más abundante en Colombia es ... .

**6** El ... es el primer producto colombiano de exportación.

**7** Alrededor del ... del territorio colombiano está dedicado al cultivo de café.

## VENEZUELA

Venezuela está dividida en cuatro partes: El occidente, dominado por la cordillera de los Andes; el norte, dominado por la cordillera de la costa; los llanos – la extensa llanura regada por el río Orinoco – y el sur, que se conoce como el Macizo o Escudo Guayanés, caracterizado por unas formaciones geológicas muy antiguas. En las tres primeras vive la mayoría de los habitantes – la Venezuela de hoy. La de mañana queda al sur – en el Territorio Federal Amazonas y el Estado Bolívar, ambos muy escasamente poblados.

Por su extensión (912.050 km$^2$) ocupa el sexto lugar entre los países suramericanos. Venezuela es conocida en el mundo por sus vastos recursos petrolíferos.

Caracas, la capital, es una ciudad moderna que posee excelentes vías de comunicación y de transporte y ofrece tanto a caraqueños como a visitantes innumerables atracciones, entre las cuales se cuentan instituciones culturales y artísticas, estadios deportivos, teatros, salas de exhibiciones y muchas otras. Lo interesante de Venezuela es que ofrece algo atractivo a cada persona.

## VOCABULARY

| | |
|---|---|
| **cordillera, f.** | mountain range |
| **regada** | irrigated |
| **queda (quedar)** | is located |
| **ambos** | both |
| **escasamente** | thinly, sparsely |
| **poblados** | populated |
| **recursos petrolíferos, m.** | oil resources |
| **caraqueño, m.** | from Caracas |
| **se cuentan (contarse)** | include |

## 8 EL SALTO ANGEL

En el Macizo Guayanés se encuentran antiquísimas formaciones rocosas, alfombradas por una densa vegetación selvática, en la que abunda una gran variedad de fauna y flora tropicales. Allí se encuentra el Parque Nacional Canaima, que cuenta con una superficie aproximada de 30.000 kilómetros cuadrados, lo que lo sitúa entre los seis parques nacionales más grandes del mundo. En medio de esta vasta área se elevan inmensas formaciones rocosas llamadas 'tepuyes', caracterizadas por su forma de meseta y por su escarpadas faldas, por las que se desbordan muchas cascadas, siendo la principal el Salto Angel, llamado 'Churún-Merú' en una de las lenguas indígenas de la región.

El Salto Angel, de una altura de 980 metros (cinco veces más alto que las Cataratas del Niágara), es la caída de agua más alta del mundo y debe su nombre a Jimmy Angel, aviador estadounidense que aterrizó forzosamente en su cumbre en 1937. En esta región tan remota e inaccesible, de singular y excepcional belleza, de características geográficas únicas y una de las áreas geológicas más antiguas del mundo, basó Conan Doyle su novela 'Viaje al fin del mundo.'

## VOCABULARY

| | |
|---|---|
| **macizo, m.** | massif |
| **se encuentran (encontrarse)** | are found |
| **alfombradas** | covered |
| **vegetación selvática, f.** | woodland |
| **cuenta con (contar)** | has |
| **lo sitúa (situar)** | places it |
| **se elevan (elevarse)** | raise |
| **meseta, f.** | plateau |
| **escarpadas faldas, f.** | craggy slopes |
| **se desbordan (desbordarse)** | drop, overflow |
| **cascada, f.** | waterfall |
| **salto, m.** | waterfall |
| **catarata, f.** | waterfall |
| **debe su nombre** | owes its name |
| **aviador, m.** | pilot |
| **aterrizó forzosamente (aterrizar)** | crash-landed |
| **cumbre, f.** | summit |

8

## EL PETRÓLEO VENEZOLANO

La gran riqueza de Venezuela es el petróleo, que se obtiene principalmente (el 70 por ciento) en la zona del lago Maracaibo. El resto se extrae de varios campos petrolíferos en la zona de los llanos.

En 1918 se les abrieron las puertas a empresas estadounidenses, pero desde 1975 la industria petrolera está nacionalizada y proporciona el 90 por ciento de la renta nacional.

En 1988 Venezuela se convirtió en el cuarto productor mundial de petróleo. Gracias a este recurso natural, Venezuela llegó a ser uno de los países más desarrollados de Suramérica, con un gran volumen de comercio exterior. La economía venezolana, por consiguiente, depende de los mercados extranjeros y del precio internacional del petróleo. En los años ochenta dichos precios bajaron considerablemente y, al mismo tiempo, el país sufrió un prolongado período de recesión caracterizado por una alta tasa de inflación y una deuda externa agobiante.

Aunque también se exportan hierro, bauxita, diamantes y oro, la economía depende casi exclusivamente del petróleo. Sólo el 10 por ciento de la población vive de la agricultura y su productividad es baja, lo que significa que Venezuela tiene que importar tres cuartas partes de sus alimentos.

## VOCABULARY

| | |
|---|---|
| **campo petrolífero, m.** | oil field |
| **renta nacional, f.** | national income |
| **productor mundial, m.** | world producer |
| **ha llegado a ser (llegar)** | has become |
| **comercio exterior, m.** | foreign trade |
| **por consiguiente** | consequently |
| **tasa de inflación, f.** | inflation rate |
| **deuda externa, f.** | external debt |
| **agobiante** | grinding |

8

## Exercise 58

Complete the following statements with the appropriate word or expression from the list provided.

**la Venezuela del futuro, el Macizo Guayanés, formaciones rocosas, ingresos, el lago Maracaibo, comida, catarata, pequeña Venecia, el petróleo**

1 'Venezuela' significa … .
2 Venezuela se conoce en el mundo por … .
3 Los tepuyes son … .
4 El salto Angel es la … más alta del mundo.
5 El Territorio Federal Amazonas y el Estado Bolívar son … .
6 El 70% del petróleo venezolano se encuentra en … .
7 El Parque Nacional Canaima está en … .
8 El petróleo representa el 90% de los … venezolanos.
9 Venezuela importa casi el 75% de su … .

## Feature

8

### EL ECOTURISMO

Colombia y Venezuela tienen una superficie combinada de más de dos millones de kilómetros cuadrados. Más del 50 por ciento del territorio está cubierto de selvas, bosques y sabanas donde la densidad de población no llega a un habitante por kilómetro cuadrado. Esto permite la existencia de flora y fauna extensas: en ésta última se destaca la variedad de pájaros más grande que se conoce actualmente. Existen mil setecientas especies, el doble de las que se encuentran en Norteamérica. Entre las aves más vistosas vale la pena mencionar el guacamayo, el colibrí, el tucán, el pájaro carpintero y el águila real.
   También hay una gran abundancia de mamíferos,

reptiles y peces, representados especialmente por culebras, caimanes, armadillos, osos hormigueros, venados, monos y muchos otros.

Este extraordinario ecosistema lo comparten treinta mil plantas florales, entre ellas 1.500 variedades diferentes de orquídeas, que son polinizadas por, entre otras, cientos de arañas y mariposas. Se cree que muchas de estas plantas no han sido aún clasificadas.

En los últimos años, gracias a la influencia del movimiento ecológico, a la necesidad de atraer inversión y divisas, y en respuesta a la demanda de los turistas por lugares exóticos y distantes, se ofrecen viajes 'verdes', que tienen como propósito acercar al visitante a la naturaleza y brindarle la oportunidad de conocer y estudiar una pequeña parte del bosque tropical húmedo y del llano. El ecoturismo es muy diferente al turismo de 'sol y mar': las comodidades de la vida moderna que son tan importantes en éste último, se sacrifican por el contacto con la naturaleza y la apreciación de su variedad de formas de vida. Es todavía un turismo naciente y para los más osados, pero se cree que va a tener un crecimiento rápido en los próximos años.

La idea del ecoturismo, de otra parte, no es nueva. Los parques naturales y las zonas de reserva ya se han establecido en otras partes del mundo, especialmente en países grandes como los Estados Unidos, Canadá y Australia, donde existe la tradición por la conservación de la naturaleza. Otros países como España, la Gran Bretaña y Francia han seguido este ejemplo. Pero a diferencia de los ecoturistas que van a Colombia y Venezuela, los que visitan Yosemite o Doñana, no esperan encontrar animales exóticos ni tribus aborígenes.

8

## VOCABULARY

| | | | |
|---|---|---|---|
| **bosque, m.** | forest | **mono, m.** | monkey |
| **especie, f.** | variety | **divisa, f.** | foreign |
| **ave, f.** | bird | | exchange |
| **vistosa** | colourful | **acercar** | to bring |
| **guacamayo, m.** | macaw | | nearer |
| **colibrí, m.** | humming bird | **brindarle** | to offer |
| **tucán, m.** | toucan | (**brindar**) | |
| **pájaro** | woodpecker | **naciente** | emerging |
| carpintero, m. | | **osado** | daring |
| **águila real, f.** | golden eagle | **crecimiento, m.** | growth |
| **oso** | ant eater | **zonas de** | nature reserve |
| hormiguero, m. | | reserva, f. | |
| **venado, m.** | deer | **tribu, f.** | tribe |

## Exercise 59

State whether each of the following statements is true (**verdadero**) or false (**falso**):

1 Más de un millón de kilómetros cuadrados en el territorio colombo-venezolano están cubiertos de selvas, bosques y sabanas.

2 En Colombia y Venezuela hay tantas aves como en Norteamérica.

3 En Venezuela y Colombia hay 1.500 variedades de orquídeas.

4 El ecoturismo está tan desarrollado como el turismo de 'sol y mar'.

5 Los 'viajes verdes' tienen como objetivo abrir la selva.

6 En Norteamérica y Europa también se hace ecoturismo.

7 El ecoturismo colombo-venezolano también brinda la oportunidad de conocer animales exóticos y tribus.

8

Notice the following uses of **lo**:

**Lo interesante de Venezuela.**
The interesting thing about Venezuela.
**Lo mejor del café colombiano.**
The best thing about Colombian coffee.
**Lo barato sale caro.**
Cheap things turn out dear eventually.
**Lo mío es mío.**
What's mine is mine.
**Y lo tuyo es de los dos.**
And what's yours belongs to both of us.
**Lo mismo opino yo.**
I think the same.
**Lo mejor es callarme.**
The best thing for me is to keep silent.
**Lo importante es no caer.**
The important thing is not to fall.
**Lo antiguo no es malo.**
Old things are not bad.
**Lo desconocido da miedo.**
One is afraid of the unknown.
**Siento mucho lo ocurrido.**
I'm very sorry for what has happened.
**A lo hecho, pecho.**
What's done is done.

In indirect questions **lo** + adjective + **que** + verb translates how + adjective:

**No sabes lo disgustado que estoy.**
You don't know how angry I am.
**Me contó lo difícil que fue.**
He told me how difficult it was.

The adjective may be substituted by an adverb:

**Me gusta lo despacio que vas.**
I like how slowly you're going.

**No saben lo lejos que estás.**
They don't know how far you are.
**Me encanta lo bien que manejas.**
I am delighted how well you drive.

**Lo de** means 'the matter of' or 'the business of':
**Lo de la hipoteca me tiene preocupado.**
The business of the mortgage worries me.
**No entiendo lo del Pacto Andino.**
I do not understand about the Andean Pact.
**Se me olvidó lo de tu carta.**
I forgot about your letter.
**Me reí al oír lo del gato.**
I laughed when I heard about the cat.

**Lo que** means 'that which' or 'what':
**No entiendo lo que dices.**
I don't understand what you're saying.
**Lo que pasa es que no hay dinero.**
What is happening is that there's no money.
**María no puede aceptar lo que se decidió en su ausencia.**
Maria cannot accept what was decided in her absence.
**El color no es lo que más me gusta.**
What I like most is not the colour.

## 23 'EL DE', 'LA DE', 'LOS DE', 'LAS DE', AND 'EL QUE', 'LA QUE', 'LOS QUE', 'LAS QUE'

**El**, **la**, **los**, **las** + **de** is used to denote possession with unstated nouns:

**Me gusta tu coche, pero no el de Pedro.**
I like your car, but not Pedro's.
**Tengo mi cámara, pero no la de Esperanza.**
I have my camera, but not Esperanza's.
**Las historias de tu abuela son mejores que las de tu tío.**
Your grandmother's stories are better than your uncle's.

**Estos cuentos y los de García Márquez son para leerlos y releerlos.**
These short stories and Garcia Marquez's are to be read and re-read.

Or geographically/historically related:

**Las catedrales no suelen gustarme, pero la de Sevilla sí.**
I don't usually like cathedrals, but I do like Seville's.
**La Venezuela de ayer y la de hoy.**
Yesterday's Venezuela and today's.

Or simply notionally related:

**Hablo la lengua de Cervantes, pero no la de Shakespeare.**
I speak the language of Cervantes, but not that of Shakespeare.

With **que** and a clause the pronouns mean 'he / she / those who / those which':

**Los que trabajan aquí ganan bien.**
Those who work here are well paid.
**El que trabaja no come paja.**
He who works hard doesn't go hungry.
**Los buenos libros son los que siempre se recuerdan.**
Good books are those that are always remembered.
**La que dijo eso fue mi madre.**
(She) who said that was my mother.

## Exercise 60

Fill the gap with the appropriate form (**el que, lo de, lo que, la que, los de, los que, las que, lo**):

1 ... tienes que hacer es acostarte temprano y dejar de pensar en tu problema.

2 Es ella ... tiene que hacerlo, no yo.

3 No sé ... va a pasar cuando mi padre se entere.

4 ¿Son éstos tus libros o ... tu amiga?

5 No te burles del hombre con ... voy a casarme pronto.

6 Tenemos ... necesario.

7 Lamento ... te dije – discúlpame, por favor.

8 La cama en ... ella duerme no es muy cómoda.

9 La dama por ... Don Quijote hacía locuras se llamaba Dulcinea.

10 Fue mi amigo ... regresó tarde anoche.

## 24 THE PASSIVE VOICE WITH 'SE'

In Spanish the passive voice can be expressed with **se** + verb. This is most common with the third person singular and plural. Look at the following examples:

**Colombia se conoce como 'la Puerta de Suramérica'.**
Colombia is known as 'the Gate to South America'.
**Se ofrecen viajes 'verdes'.**
'Green' trips are available.
**El petróleo se obtiene principalmente en el lago Maracaibo.**
Oil is extracted mainly from Lake Maracaibo.
**Se exportan hierro, bauxita, diamantes y oro.**
Iron, bauxite, diamonds and gold are exported.
**Se cree que muchas de estas plantas no han sido clasificadas.**
Many of these plants are believed to be unclassified.

Notice that the verb agrees in number with the noun:

**Se habla español.**
**Se hablan muchas lenguas.**

## Exercise 61

Read the following recipe and rewrite it changing the infinitives to the **se** passive form. For example:

Poner en una fuente los pimientos y los tomates.
Se ponen en una fuente los pimientos y los tomates.

### Ensalada de pimientos rojos y tomates asados

Ingredientes para 10 canapés

- 1 kg. de pimientos rojos
- tomates medianos maduros
- dientes de ajo
- 1 huevo duro
- sal y cominos
- 20 g de aceite crudo

Preparación

Poner en una fuente los pimientos y los tomates. Rociarlos con un poquito de aceite crudo y asarlos al horno. Después de asados, dejarlos reposar tapados por una hora y pelarlos. Una vez pelados, picarlos y ponerlos en una sartén con el resto del aceite crudo, el ajo y los cominos (previamente machacados con un poco de sal) y 1/4 de litro de agua. Ponerlos a hervir durante 15 minutos, añadir el huevo duro troceado y dejarlo hervir por otros 5 minutos.

Another use of **se** is in the third person of verbs, whether truly reflexive or not. Look at these four truly reflexive verbs:

**Nunca nos miramos en el espejo. (mirarse)**
We never looked at ourselves in the mirror.
**No me afeito todos los días. (afeitarse)**
I don't shave every day.
**El soldado se mató con su propia pistola. (matarse)**
The soldier killed himself with his own gun.
**¿Te cepillas los dientes bien? (cepillarse)**
Do you brush your teeth properly?

Note that even the true reflexives mostly do not translate as reflexives in English. For instance: **levantarse** (get up), **ducharse** (shower), **ponerse** (put on), **vestirse** (dress).

A number of Spanish verbs exist in pairs where the **-se** ending conveys a different meaning from the basic one.

**Bogotá queda en una meseta. (quedar)**
Bogota is located on a plateau.
**María nunca se ha quedado en Caracas. (quedarse)**
Maria has never stayed in Caracas.
**¿Ha puesto Ud. la carta en el buzón? (poner)**
Have you put the letter in the letterbox?
**¿Se va Ud. a poner los zapatos nuevos hoy? (ponerse)**
Are you going put on your new shoes today?

Other verb pairs in this category are: **levantar / levantarse** (lift / get up), **ir / irse** (go / go away), **estar / estarse** (be / stay), **parar / pararse** (stop / stand up), **conducir / conducirse** (drive / behave oneself), **quitar / quitarse** (take away / take off), **acordar / acordarse** (agree / remember), **fijar / fijarse** (fix / take notice).

Other verbs only exist in the **-se** form:

**¡Deje de quejarse!** Stop complaining!

**8**

**El alcalde nunca se arrepentirá de su decisión.**
The major will never regret his decision.

Other verbs in this category are: **jactarse** (to boast), **abstenerse** (to abstain), **atreverse** (to dare), **rebelarse** (to rebel).

## Exercise 62

Read the advertisement, identify the uses of **se**, list them and translate them.

### PARA QUE SU IMAGINACIÓN SE ESCAPE A OTRA ÉPOCA

A partir de ahora, casi por el precio de un vuelo regular, Iberia le organiza unas escapadas hechas a su medida. ¡Incluyendo todo lo que se necesita para huir de la rutina! Y se le ofrece toda la libertad para que usted pueda diseñar su Iberia Hobby como más le apetezca. Escápese de lo habitual. Ahora lo tiene muy fácil.

Para que usted sólo tenga que preocuparse de disfrutar al máximo, Iberia Hobby se encarga de todo.

¿Le apetece relajarse y descubrir rincones perdidos en el tiempo? ¡Anímese! Iberia Hobby lo facilita todo: Para empezar, la calidad de un vuelo de Iberia. Durante sus siete noches en Cartagena de Indias, diviértase de lo lindo: disfrute de un magnífico hotel, descubra callejuelas, plazoletas, claustros, fortificaciones... una ciudad mágica con recuerdos de piratas y señores de otro tiempo. Y, por la noche el ambiente tropical se adueña de la ciudad. Recorra en lancha las isla de coral del Rosario, contemple su vida submarina... No se pierda el tour por Santa Marta y el Parque Tairona,

O, si lo desea, escápese al corazón del Caribe, en un vuelo: la Isla de San Andrés le espera... con el mar esmeralda y el calipso sonando, que le harán recordar estas playas toda una vida.

*Se necesita un carro*

Julie Barnes is an English teacher working in Madrid. She plans to go on holiday to Venezuela:

JULIE BARNES **Buenos días.**

EMPLEADO **Buenos días. ¿En qué puedo servirle?**

JULIE BARNES **Me interesa ir a Venezuela el mes que viene. Compré mi billete de ida y vuelta aquí la semana pasada.**

EMPLEADO **Ah, sí – me acuerdo. Fue a nombre de la Señora Barnes, ¿no? Fui yo el que se lo vendió.**

JULIE BARNES **Exactamente. ¿Se puede alquilar el coche a través de IBERIA?**

EMPLEADO **Sí, trabajamos con Servicar. Aquí tiene Ud. la lista de precios. Todo depende de qué clase de vehículo quiere alquilar. No se alquilan carros pequeños – allá dicen carros en vez de coches. Y todos vienen con aire acondicionado.**

JULIE BARNES **¿Por cuánto me saldría un Renault 19 por una quincena, con todo incluido?**

EMPLEADO **A ver ... Como 320 euros, con seguros e impuestos incluidos.**

JULIE BARNES **¿Y me lo entregan en Maiquetía?**

EMPLEADO **Sí, se pueden recoger y entregar, sin coste alguno, en cualquier aeropuerto u hotel del país menos en Guayana y Amazonas.**

JULIE BARNES **¿Y qué necesito hacer para alquilar el carro?**

EMPLEADO **Tiene que pagar por adelantado. Y se necesitan por lo menos tres años de experiencia en conducir. Ah, sí ... y mínimo veintitrés años de edad.**

JULIE BARNES **Bueno. Tengo suficiente edad. Aquí tiene mi licencia.**

EMPLEADO **No, no hace falta enseñar nada aquí, señora. Es allá donde tiene que enseñar**

|  | la licencia y llevarla consigo siempre que conduzca. |
|---|---|
| JULIE BARNES | ¿Y cómo se paga por la gasolina? |
| EMPLEADO | El coche viene con el tanque lleno y Ud. lo tiene que devolver con el tanque lleno también. |
| JULIE BARNES | Muy bien. ¿Puedo pagar con tarjeta de crédito? |
| EMPLEADO | ¡Cómo no! Le doy este comprobante, y al llegar allá, Ud. se dirige a la oficina de Servicar allí en llegadas. Con este comprobante le entregan las llaves. |
| JULIE BARNES | Muy bien. Muchas gracias. |

## VOCABULARY

| | |
|---|---|
| alquilar | to hire |
| a través de | through, via |
| ¿Por cuánto me saldría? | How much would it cost me? |
| quincena, f. | fortnight |
| seguro, m. | insurance |
| impuesto, m. | tax |
| entregar | to return |
| recoger | to pick up |
| sin coste alguno (costo, L. American) | with no charge |
| cualquier aeropuerto | any airport |
| menos en | except for |
| pagar por adelantado | to pay in advance |
| por lo menos | at least |
| no hace falta | it is not necessary |
| siempre que conduzca | whenever you drive |
| tarjeta de crédito, f. | credit card |
| comprobante, m. | receipt |

## Exercise 63

Answer the following questions in Spanish:

1 ¿Cuándo compró Julie Barnes su billete para Venezuela?

2 ¿Por qué ha regresado a la agencia?

3 ¿De qué depende el precio del alquiler?

4 ¿Qué coche le interesa a Julie Barnes?

5 ¿Dónde podrá ella recoger el coche?

6 ¿Qué pasa si Julie desea recoger el coche en Guayana?

7 ¿Qué condiciones hay que reunir para poder alquilar un coche en Venezuela?

8 ¿Qué hay que hacer antes de devolver el coche?

9 ¿Cómo va a pagar Julie Barnes el alquiler del coche?

10 ¿Qué tendrá que hacer Julie Barnes a su llegada a Caracas?

8

# Lesson 9

*You will read about:*
- *Ecuador and the Galápagos Islands*
- *Peru and the Nazca lines*
- *Bolivia and Lake Titicaca*

*You will study:*
- *the use of 'el cual, la cual' and 'cuyo, cuya'*
- *the preposition 'de'*
- *'bastante', 'suficiente', and 'demasiado'*

## ECUADOR

Ecuador debe su nombre a la línea ecuatorial, que pasa por el norte del país.

Como la mayoría de los países de Suramérica, Ecuador es un país de variada topografía, en la cual la cordillera andina es el elemento dominante. Los Andes dividen a Ecuador en tres regiones: la costa, al occidente, entre el Pacífico y la rama occidental de la cordillera; la sierra, entre ésta última y la rama oriental, y el oriente, que se extiende desde las laderas de la rama oriental hasta la selva amazónica.

En la sierra, una de las regiones volcánicas más grandes del mundo, se encuentran famosos gigantes como el Chimborazo (6.267 m), el Cotopaxi (5.897 m) y el Pichincha (4.701 m), en cuyo entorno se encuentra Quito, la capital.

*¿Sabía Ud. que ...?*

- *El quechua, el idioma de los incas, es hablado por casi la mitad de la población del Perú y usado como lengua franca en Ecuador, Bolivia, Colombia, Argentina y Chile. En Bolivia y Perú también se habla el aymará, un idioma preincaico.*

- *Las islas Galápagos, pertenecientes al Ecuador, albergan los animales más antiguos de la tierra: las tortugas.*

- *El Titicaca, entre Bolivia y Perú, es el lago más grande de Suramérica y el más alto del mundo.*

- *Cuzco, en Perú, es la ciudad más antigua del continente americano.*

## LAS ISLAS GALÁPAGOS

A 1.050 km de la costa ecuatoriana, en el océano
Pacífico, se encuentra un grupo de quince islas y cientos
de islotes conocidos como el archipiélago Colón, el cual
se encuentra sobre el ecuador o muy cerca de él. Las
islas llevan el nombre de las tortugas gigantes que
habitan algunas de ellas; las Galápagos tambien albergan
una variedad de animales singulares, entre los cuales se
incluyen iguanas, ciento veintiocho especies de aves
(paiños, alcatraces, cormoranes, pelícanos, gaviotas, las
catorce especies diferentes de pinzones de Darwin y
muchos más), setenta y siete de las cuales son únicas
en el mundo.

Las islas estaban deshabitadas cuando los españoles
las descubrieron en 1535. Durante los siglos XVI y XVII
fueron refugio y despensa de piratas y bucaneros. En el
siglo XIX las Galápagos fueron punto de descanso para
los buques balleneros de los Estados Unidos y la Gran
Bretaña. Varios intentos de colonización fracasaron hasta
1832, cuando el archipiélago fue anexado a Ecuador.
Darwin visitó las islas en 1835 y sus hallazgos
contribuyeron a confirmar su teoría de la evolución.
Desde 1967 existe en el archipiélago una estación
rastreadora de satélites.

### VOCABULARY

| | |
|---|---|
| **sierra, f.** | mountains |
| **ladera, f.** | mountain side |
| **entorno, m.** | surroundings |
| **cientos** | hundreds |
| **islote, m.** | rocky island |
| **albergan (albergar)** | provide shelter |
| **paiño, m.** | petrel |
| **alcatraz, m.** | gannet |
| **gaviota, f.** | seagull |
| **pinzón, m.** | finch |
| **deshabitadas** | uninhabited |
| **despensa, f.** | larder |
| **punto de descanso, m.** | resting point |

9

| | |
|---|---|
| **buque ballenero, m.** | whaling ship |
| **intento, m.** | attempt |
| **fracasaron (fracasar)** | failed |
| **hallazgo, m.** | finding |
| **estación rastreadora de satélites, f.** | satellite tracking station |

## Exercise 64

Rewrite these sentences filling the gaps with a word or expression from the list provided.

**descubiertas, las tortugas gigantes, anexó, Andes, aves, preincaico, visita, el archipiélago Colón, Pichincha**

1 El aymará es un idioma … .

2 El volcán … está cerca de Quito.

3 Los … dominan la topografía del Ecuador.

4 Las islas Galápagos también se llaman … .

5 Lo más característico de las islas Galápagos son … .

6 En las islas hay setenta y siete especies de … únicas.

7 En 1832 Ecuador … de las islas Galápagos.

8 Las islas Galápagos fueron … por los españoles.

9 La … de Darwin a las Galápagos le ayudó a confirmar su teoría de la evolución.

Perú es el tercer país hispanoamericano en extensión después de Argentina y México. El país presenta una geografía muy irregular y accidentada, la cual da lugar a muchos contrastes físicos: largas cordilleras, elevadas montañas, altiplanos, profundos valles,

9

desiertos y selvas vírgenes. El paisaje, sin embargo,
está dominado por los Andes, los cuales dividen
al país en tres áreas distintas: la costa, la sierra y
la selva.

La costa peruana se encuentra entre la cordillera de
los Andes y el océano Pacífico y se extiende por una
distancia total de 2.200 km y su anchura varía entre cero
– cuando los Andes se precipitan al mar – y 200 km en
el norte. En esta costa, rica en pesca, pero árida por
falta de lluvia, está Lima, la capital.

La sierra es la región andina, situada en la parte
central, la cual aloja a más de la mitad de la población
en ciudades como Cuzco y Arequipa. En esta región aún
hoy día se utilizan llamas, vicuñas y alpacas para el
transporte, la carga y la producción de carne,
lana y leche.

La selva peruana, la región más grande y la menos
explorada, alberga una inmensa variedad de flora y fauna
y un número indeterminado de tribus indígenas.

## VOCABULARY

| | |
|---|---|
| **da (dar) lugar** | causes |
| **altiplano, m.** | plateau |
| **selva virgen, f.** | thick (wild) jungle |
| **paisaje, m.** | landscape |
| **pesca, f.** | fishing, fish |
| **falta de lluvia, f.** | lack of rain |
| **aloja (alojar)** | houses, shelters |

9

## LAS LÍNEAS DE NAZCA

Al sur de Lima corren unas líneas absolutamente rectas
que aparecen de la nada y terminan abruptamente;
corren paralelas y se cruzan, siempre en línea recta;
ascienden hacia las cimas de las montañas vecinas y
allí se interrumpen súbitamente. Desde el suelo las
figuras son imposibles de percibir. Desde el aire
aparecen como una extraña colección de diseños

cuadrados y triangulares, como las pistas de un moderno
aeropuerto. Interpuestas entre estos patrones lineales, se
encuentran unas gigantescas figuras en forma de colibrí,
mono y araña; otras semejan una iguana de cola muy larga;
un pájaro, una rosa, un perro y otras aparecen como un
mosaico compuesto de muchos animales. Muchos de estos
diseños alcanzan proporciones de hasta 150 metros y
parecen haber sido hechos de un solo trazo continuo
y conservan perfectamente las proporciones naturales
a esta escala.

Existen muchas interpretaciones y teorías sobre el origen
y la razón de ser de estos dibujos: caminos incas, símbolos
de una religión en la cual predominaban las figuras
geométricas, un calendario astronómico o aún, una forma
de comunicar mensajes a civilizaciones extraterrestres.
Ninguna explicación es totalmente satisfactoria y el misterio
de las enigmáticas líneas de Nazca permanece sin descifrar.

## Exercise 65

State whether each of the following statements is true
(**verdadero**) or false (**falso**):

1 Perú tiene una topografía muy rasa.

2 Lima está en la sierra.

3 La mayoría de la población vive en las montañas.

4 Las llamas, alpacas y vicuñas son sólo bestias de
  carga.

5 En la selva peruana vive una inmensa variedad de
  tribus.

6 Las líneas de Nazca continúan por las montañas.

7 Las líneas representan un aeropuerto.

8 Existen varias explicaciones del origen y propósito
  de las líneas de Nazca.

| | |
|---|---|
| **de la nada** | out of nothing |
| **cima, f.** | summit |
| **montañas vecinas, f.** | neighbouring |
| **súbitamente** | suddenly |
| **diseño, m.** | design |
| **pistas, f.** | runways |
| **interpuestas** | interposed |
| **patrón, m.** | pattern |
| **semejan (semejar)** | resemble |
| **araña, f.** | spider |
| **trazo continuo, m.** | continuous stroke |
| **razón de ser, f.** | raison d'être |
| **camino, m.** | track |

## BOLIVIA

Durante la época colonial, Bolivia era conocida como Alto Perú, por su similitud topográfica con el país vecino y por tener montañas y altiplanos muy elevados. Después de la independencia, el país tomó su nombre actual en honor al libertador Simón Bolívar. Como los otros países andinos, Bolivia está dividida por los Andes en regiones: en el occidente, entre las dos cadenas andinas se encuentra el altiplano, una de las regiones más elevadas del mundo; al sur y al oriente están los llanos y la selva, casi deshabitados e inexplotados, los cuales constituyen el setenta por ciento del territorio boliviano y que se extienden hasta las fronteras con Perú, Brasil, Paraguay y Argentina; en el altiplano, donde se encuentra La Paz, la capital, vive la mayoría de la población y se hallan grandes yacimientos minerales, especialmente de estaño, plomo, plata, zinc y cobre.

Al igual que la mayoría de los países suramericanos, Bolivia, se vio envuelta en guerras limítrofes con sus vecinos que culminaron en pérdidas territoriales. Durante la guerra del Pacífico (1884) entre Chile, Perú y Bolivia, ésta última perdió su salida al mar. La guerra del Chaco (1935) terminó con la concesión al Paraguay del territorio boliviano del mismo nombre.

9

## LA MÚSICA AUTÓCTONA

La música autóctona suramericana se ha hecho muy popular en todo el mundo en los últimos años. Instrumentos como la quena, el pinkillo, el charango y el siku, de origen incaico y preincaico, son comunes en todos los países andinos, especialmente Bolivia, Perú y Ecuador, y se usan para producir gran variedad de sonidos.

Conjuntos musicales suramericanos como los Calchakis, Inti-illimani y Quilapayún, el grupo irlandés Incantation y muchos otros han contribuido a su difusión.

## EL LAGO TITICACA

**9**

En la frontera peruano-boliviana, a 3.812 metros de altura en el altiplano andino, se halla el lago Titicaca. Tiene una extensión de 8.100 kilómetros cuadrados y una profundidad media de 100 metros y máxima de 280 metros. Las orillas del lago siempre han estado habitadas y sobre sus aguas se ven aún hoy en día las tradicionales barcas de junco hechas por los indios. También se pueden ver barcos de vapor como el 'Yaravi', construido en Escocia en 1862 y el primero que se usó en el lago.

Cuenta la leyenda que en al año 1200, Manco Capac, el hijo del sol, salió de las aguas del lago con su hermana Mama Ocllo, con la cual se casó más tarde. Manco Capac llegó a ser el primer Inca - jefe de los incas - y construyó un imperio muy grande y avanzado. Cada año a orillas del lago, se celebra una fiesta en honor a la aparición de Manco Capac.

A unos pocos kilómetros al sureste del lago, se encuentra la ciudad de Tiahuanaco, cuya fama se debe a las ruinas de gigantes estatuas y edificios de piedra. Tiahuanaco, como otras ciudades de la América precolombina, guarda todavía muchos misterios: ¿Qué pueblo construyó esos monumentos y por qué? ¿Cómo lograron levantar unas piedras tan pesadas? ¿Por qué no las terminaron? Y, muy intrigante, ¿por qué abandonaron la ciudad?

## VOCABULARY

| | |
|---|---|
| **autóctona** | indigenous |
| **quena, f.** | South American notched flute |
| **pinkillo, m.** | South American whistle flute |
| **charango, m.** | South American stringed instrument made from the armadillo shell |
| **siku, m.** | South American wind instrument |
| **andinos** | Andean |
| **profundidad media, f.** | an average depth |
| **barcas de junco, f.** | reed boats |
| **barco de vapor, m.** | steam boat |
| **a orillas** | on the shores |
| **guarda (guardar)** | harbours, keeps |
| **construyó (construir)** | built |
| **lograron (lograr)** | managed |

9

## Exercise 66

Rewrite these sentences replacing the words underlined with an appropriate expression from the list provided and changing the form of other words, if necessary.

**despoblado, minas, hay una celebración, semejanza, incógnitas, meseta, disputas, originarios, el Libertador**

1 Los españoles llamaron a Bolivia el Alto Perú por su <u>similitud</u> con Perú.

2 Bolivia tomó su nombre de <u>Bolívar</u>.

3 El <u>altiplano</u> boliviano es una de las regiones más elevadas del mundo.

4 Setenta por ciento de Bolivia está casi completamente <u>deshabitado</u>.

5 En el altiplano boliviano hay grandes <u>yacimientos minerales</u>.

6 En 1884 y 1935 Bolivia se vio envuelta en <u>guerras</u> limítrofes.

7 La quena, el pinkillo y el siku son instrumentos <u>autóctonos</u> bolivianos.

8 Cada año a orillas del lago <u>se celebra</u> una fiesta en honor a Manco Capac.

9 Tiahuanaco todavía guarda muchos <u>misterios</u>.

---

## 9 | 26 'EL CUAL', 'LA CUAL', 'LOS CUALES', ETC.

**El cual, la cual, los cuales, las cuales** (equivalent to English 'who', 'which' or 'that') are used with people or things, especially after prepositions. If the person is named, **que** or **quien** is preferred:

**Las líneas de Nazca pueden ser símbolos de una religión en la cual predominaban las figuras geométricas.**
The Nazca lines might be symbols of a religion in which geometrical figures were predominant.
**En las islas habitan una variedad de animales singulares, entre los cuales se incluyen iguanas.**

The islands are inhabited by a singular collection of
animals, among which are iguanas.

**El paisaje está dominado por los Andes, los cuales
dividen el país en tres áreas distintas.**

The landscape is dominated by the Andes, which divide
the country into three different areas.

**Este es el aparato sin el cual no puedo oír.**

This is the gadget without which I can't hear.

**Vino también el médico del cual te hablé.**

The doctor (whom) I talked to you about was also here.

**Vino también Pedro Gómez, quien es médico.**

Pedro Gomez, who is a doctor, also came.

## 27 'CUYO', 'CUYA', 'CUYOS' AND 'CUYAS'

**Cuyo**, **cuya**, **cuyos** and **cuyas** meaning 'whose', agrees
in number and gender with the noun qualified:

**Allí se encuentra el Pichincha, en cuyas faldas está
Quito, la capital.**

There is mount Pichincha, on whose flanks lies Quito,
the capital.

The use of **cuyo**, **cuya**, **cuyos** and **cuyas** in modern
Spanish is almost confined to the written language. In
spoken Spanish either a paraphrase using **tener** or the
prepositions **con** or **de** are normally used:

**Vimos la casa que tiene las ventanas rotas.**
**Vimos la casa de las ventanas rotas.**

We saw the house with the broken windows.

**Había muchos indios que tenian el cabello pintado.**
**Había muchos indios con el cabello pintado.**

There were many indians with dyed hair.

These are preferred to:

**Vimos la casa cuyas ventanas están rotas.**
**Había muchos indios cuyos cabellos estaban
pintados.**

9

If the main purpose is to define possession, **pertenecer a** is used instead:

**Conozco la persona a quien le pertenece este libro.**
I know the person whose book this is.

With human subjects **a quien(es)**, **al que**, **a la que**, **a los que**, **a las que** are preferred:

**Esto es el tipo a quien/al que le compré el carro.**
This is the man whose car I bought.
**Teresa, a quien/a la que le acepté el dinero, era muy generosa.**
Teresa, whose money I accepted, was very generous.

'Whose?' in a question is always rendered by **¿De quién?**:

**¿De quién es este dinero?** Whose is this money?

## Exercise 67

Translate into Spanish:

1 Whose is that car?
2 He lives with my brother, who works in the same city.
3 He's the man whose wife died yesterday.
4 I am the man whose car has broken down.
5 Perú, which had one of the most advanced pre-Colombian civilizations, is very rich in minerals.
6 The Spaniard who destroyed the Inca civilization was Pizarro.
7 We saw many giant statues whose origin is unknown.
8 That's the girl whose house I bought.
9 Whose instruments are these?
10 The Indians, who don't have much land, are very ingenious.

9

## 28 USES OF THE PREPOSITION 'DE'

To indicate possession or geographical location:

| | |
|---|---|
| **la población del Perú** | Peru's population |
| **el imperio de los incas** | the empire of the Incas |
| **el libro de Juan** | John's book |

To translate 'of' or 'from':

| | |
|---|---|
| **la mayoría de los países** | most of the countries |
| **la rama occidental de los Andes** | the west branch of the Andes |
| **a 1.050 km de la costa ecuatoriana** | 1050 km from the Ecuadorian coast |

N.B. **robar**, **quitar**, **arrebatar**, **pedir** take **a** to mean 'off' or 'from':

**Le robaron el reloj al viejo.**
They stole the watch from the old man.
**Le quité la responsabilidad a Juan.**
I took the responsibility off Juan.
**Le arrebataron el bolso a la señora.**
They snatched the handbag from the woman.
**Lo que Juan le pide a su hija es comprensión.**
What Juan asks from his daughter is understanding.

To translate 'with', 'by', or 'in', when they introduce the means or instrument of an action:

**Jorge se llenó los bolsillos de arena.**
Jorge filled his pockets with sand.
**Me cogió del brazo.**
He took me by the arm.
**Están cubiertos de polvo.**
They're covered in dust.

9

To indicate the cause of a reaction:

**Juana temblaba de los nervios.**
Juana was shivering from nerves.
**Gritaron de alegría.**
They shouted for joy.
**Estoy cansado de ti.**
I'm tired of you.

To translate 'about' after certain verbs of communication and opinion:

**Le hablé del problema.**
I spoke to him about the problem.
**Me quejé de la comida.**
I complained about the food.
**¿Qué opinan Uds. de la guerra?**
What do you think about the war?

To indicate in what capacity a person acts:

**Trabaja de camarero en Lima.**
He works as a waiter in Lima.
**Les serví de intérprete.**
I acted as their interpreter.
**Se graduó de médico.**
He graduated as a doctor.

To form compound prepositions:

| | |
|---|---|
| **a causa de** | because of |
| **acerca de** | about |
| **a fuerza de** | by dint of |
| **a pesar de** | in spite of |
| **a lo largo de** | along, during |
| **en vez de** | instead of |
| **en medio de** | in the middle of |
| **por medio de** | by means of |

9

In other adverbial expressions:

| | |
|---|---|
| **de costumbre** | usually |
| **de improviso** | unexpectedly |
| **de nuevo** | again |
| **de prisa** | quickly, in a hurry |
| **de una vez** | once and for all |
| **de pronto** | suddenly |
| **de repente** | suddenly |
| **de verdad** | really |
| **de acuerdo** | agreed |
| **de memoria** | by heart |
| **de buena gana** | willingly |
| **de mala gana** | unwillingly |
| **de buen humor** | good humoured |
| **de mal humor** | ill humoured |
| **de pie** | standing |
| **de luto** | in mourning |
| **de negro** | in black |
| **de espaldas** | with back turned |
| **de viaje** | away on a trip |
| **de día** | by day |
| **de noche** | by night |
| **de turno** | on duty |

With the words **modo** and **manera**, to form different expressions:

| | |
|---|---|
| **de este modo** | in such a way |
| **de tal manera** | in this way |
| **de ningún modo/** | |
| **de ninguna manera** | by no means |
| **de todos modos/** | |
| **de todas maneras** | at any rate, anyway |

9

## Exercise 68

Fill the gaps with suitable phrases using the preposition **de**. For example:

El viejecito murió …
El viejecito murió de repente.

1 Después de la muerte de su esposo, la condesa siempre estaba … y se vestía …

2 Los animales nocturnos duermen … y son activos …

3 Cuando voy … siempre me quedo en hoteles donde sirven buena comida.

4 Aunque no estaba … el policía detuvo al ladrón.

5 Un actor tiene que aprender su parte …

6 No puedo parar ahora. Estoy …

7 Se ha reído mucho hoy. Está …

8 No me pudiste ver porque estabas … a la ventana.

9 Es tu decisión, pero yo no estoy …

10 Esto está mal hecho. Hágalo …

---

## 29 'BASTANTE', 'SUFICIENTE' AND 'DEMASIADO'

**9**

Note the use of **bastante / suficiente/ suficientemente** (enough) and **demasiado** (too, too much, too many) in the following examples.

As adverbs, they do not change:

**Esta casa es demasiado cara para mí.**
It's too expensive for me.
**Estas cosas son bastante baratas para comprarlas.**
These things are cheap enough to buy.
**No estoy suficientemente capacitado para esto.**
I don't have enough qualifications to do this.

Note that only **suficiente** take the adverbial ending **-mente** when used as an adverb.

Notice their use as adjectives:

**Echaste demasiada crema.**
You put too much cream in.
**No tenemos suficiente café.**
We haven't got enough coffee.
**Hay bastante dinero.**
There is enough money.

**Tengo demasiadas preocupaciones.**
I have too many worries.
**No hay bastantes libros.**
There aren't enough books.
**Pasamos suficientes horas juntos.**
We spend enough hours together.

As pronouns, **demasiado** agrees in gender and number with the noun it replaces, whereas the others agree only in number:

**¿Tienes muchos problemas? Si, tengo bastantes.**
**¿Hay pocas dificultades? No, hay demasiadas.**
**No veo muchas personas. Si, hay suficientes.**

## Exercise 69

Translate into Spanish:

1 I've eaten enough.
2 It's too heavy to carry.
3 They had too much wine.
4 He has too many problems.
5 This coffee's not got enough sugar.
6 The ladder is tall enough.
7 There are too many people.
8 You're driving too fast.
9 We have enough to learn.
10 Who's got enough money?

*El ferrocarril de los Andes*

El tren de los Andes va desde Lima, en la costa del Pacífico, hasta Huancayo, al otro lado de los Andes. La línea, que mide sólo 417 kilómetros, pasa por 61 puentes y 66 túneles y para llegar a su punto más alto, un viaje de 171 kilómetros, se tarda cinco horas. Hoy día el ferrocarril sirve más que nada para transportar mercancías entre el centro minero de Cerro de Pasco y Lima, y de vez en cuando lleva algunos turistas.
El paisaje por supuesto que varía con la altura y el viajero puede admirar valles verdes, sierras áridas, volcanes y nevados. Después de cinco horas de vistas variadas, el tren llega a Ticlio, la estación de tren más alta del mundo (4.759 m) y al salir de allí pasa por el túnel Gallera, de 1.176 metros de largo.

Este tren se empezó a construir en 1870 y debe su existencia al estadounidense Henry Meiggs. Las inclinadas pendientes y los cañones estrechos fueron un reto único para Meiggs y su equipo. En algunas partes no había sitio para construir puentes ni viaductos. Además era necesario tener en cuenta la amenaza de las fuertes lluvias y los deshielos. Los puentes tenían que ser muy fuertes y estables, y por esto en su construcción se utilizó hierro y más tarde acero. Los túneles no sólo servían para atravesar las montañas, sino que también evitaban las inundaciones. Meiggs también tuvo dificultades en encontrar obreros que quisieran trabajar en las duras condiciones de los Andes, así que decidió contratar obreros chinos y chilenos, quienes ya le habían ayudado a construir los ferrocarriles de Chile.

Todo el equipo necesario tenía que transportarse en mulas y llamas. El carbón y el hierro tenían que importarse de la Gran Bretaña, lo cual ocasionó muchos retrasos. A más de esto, hubo muchos accidentes y enfermedades que diezmaron el número de trabajadores.

Meiggs murió en 1878 sin ver culminado su proyecto. El tren de los Andes se terminó en 1908, pero fue un proyecto muy costoso no sólo en tiempo y recursos, sino también en el número de vidas que se sacrificaron.

## VOCABULARY

| | | | |
|---|---|---|---|
| **se tarda (tardar)** | takes (time) | **equipo, m.** | team |
| **más que nada** | mostly | **amenaza, f.** | threat |
| **mercancías, f.** | goods, merchandise | **deshielo, m.** | thaw, melting |
| **de vez en cuando** | from time to time | **hierro, m.** | iron |
| | | **acero, m.** | steel |
| **por supuesto** | obviously, of course | **inundación, f.** | flood |
| | | **obrero, m.** | worker |
| **viajero, m.** | traveller | **retraso, m.** | delay |
| **vista, f.** | view | **diezmaron (diezmar)** | decimated, killed |
| **pendiente, f.** | slope | | |
| **cañón, m.** | ravine, canyon | **culminado (culminar)** | finished |
| **reto, m.** | challenge | **recurso, m.** | resource |

## Exercise 70

Answer the following questions in Spanish:

1 Which country does the 'Ferrocarril de los Andes' cross?

2 Who built the railroad?

3 How many years did it take to build it?

4 What is the highest train station in the world?

5 How far is this station from Lima?

6 How many bridges and tunnels were built?

7 Why did Meiggs have trouble finding workers?

8 How did he solve this difficulty?

9 In which other South American country did Meiggs build a railroad?

10 Why did Meiggs not see his project finished?

9

# Lesson 10

*You will read about:*
- *Argentina and Chile*
- *the Iguazú waterfalls and Easter Island*

*You will study:*
- *words for 'and' and 'but' – 'y', 'o', 'pero' and 'sino'*
- *the prepositions 'a', 'bajo', 'debajo de' and adverb 'abajo'*
- *'cuando' and 'donde' used to translate 'that'*
- *the '-ando' and '-iendo' forms of verbs*

## ARGENTINA

Argentina es el país más extenso de la América Hispana con una superficie continental de 2.791.810 km² y un litoral sobre el Océano Atlántico de 2.600 km. Los Andes, en el occidente, marcan el límite con Chile. Al norte limita con Bolivia, y con Paraguay en el noreste. El río Uruguay la separa del Brasil y parte del Uruguay. El río de la Plata, que le da su nombre a la región de Buenos Aires, es su vínculo con el Atlántico y Montevideo.

## LAS CATARATAS DEL IGUAZÚ

En el sitio donde se unen Argentina, Paraguay y Brasil se encuentran las cataratas del Iguazú, formadas por el torrente del río del mismo nombre, que a lo largo de tres kilómetros se desborda formando unos 275 saltos de alturas que varían entre 60 y 80 metros en un área en forma de herradura de 3 km de anchura. Más de la mitad de estos saltos se hallan en el lado argentino de la frontera y se precipitan dentro de un cañón llamado la Garganta del Diablo. Cuenta la leyenda que las cataratas se formaron cuando un dios guaraní se vengó de un guerrero que huía por el río llevándose a su amada doncella. El dios hizo caer el lecho del Iguazú: la doncella murió ahogada en la catarata y el indio se convirtió en un árbol a orillas del río.

Iguazú significa 'agua grande' en guaraní y las cataratas son eco de su nombre: en la época de lluvias, más de 12.500 metros cúbicos de agua se desgajan cada segundo con un estruendo ensordecedor que se puede escuchar desde la distancia y que silencia el canto de los pájaros, el rugido de los felinos y el susurro de las hojas en el viento. Durante su descenso y al chocar con las rocas al fondo del cañón, el agua se convierte en espuma blanca y en miles de diminutas gotas que forman una pantalla natural en la que permanentemente se proyecta el arco iris. Alrededor de las cataratas, los gobiernos de Argentina y Brasil han establecido parques naturales para preservar la belleza del área y proteger a los animales y las plantas que allí viven. A las cataratas se puede llegar desde Ciudad del Este en Paraguay, Puerto Iguazú en Argentina o Foz do Iguaçu en Brasil.

## VOCABULARY

| | |
|---|---|
| **política, f.** | politics |
| **inhóspito** | inhospitable |
| **vínculo, m.** | link |
| **catarata, f.** | waterfall |
| **torrente, m.** | river flow |
| **herradura, f.** | horseshoe |
| **guaraní** | Guarani (indian) |
| **se vengó (vengarse)** | took revenge |
| **guerrero, m.** | warrior |
| **huía (huir)** | was fleeing |
| **doncella, f.** | maiden |

10

| | |
|---|---|
| **lecho, m.** | river bed |
| **se desgajan (desgajarse)** | fall (verb) |
| **estruendo ensordecedor, m.** | deafening noise |
| **rugido, m.** | roar |
| **susurro, m.** | rustle |
| **espuma, f.** | foam |
| **diminutas** | minute |
| **pantalla, f.** | screen |
| **arco iris, m.** | rainbow |

## Exercise 71

Against each bracketed number, write a synonym for the underlined words or expressions preceding the number. For example:

Las cataratas del Iguazú son muy famosas (0: bien conocidas).

Las cataratas del Iguazú se encuentran (1: ... ) en el sitio (2: ... ) donde se unen (3: ... ) Argentina, Paraguay y Brasil. El río Iguazú se desborda (4: ... ) formando 275 saltos de alturas que varían entre 60 y 80 metros. Cuenta (5: ... ) la leyenda que las cataratas las formó un dios guaraní para castigar a un guerrero que huía (6: ... ) por el río llevándose a su amada (7: ... ) doncella. En la época (8: ... ) de lluvias cada segundo se desgajan (9: ... ) más de 12.500 metros cúbicos de agua con un estruendo (10: ... ) ensordecedor.

**10**

### EL TANGO

El tango nació en Buenos Aires a finales del siglo XIX, probablemente como una fuerte mezcla y derivación de la milonga argentina, la habanera cubana y el flamenco español. Sus primeras interpretaciones públicas, tanto en Argentina como en Uruguay, aparecen a principios del siglo XX y la música era interpretada por conjuntos compuestos de flauta, piano y bandoneón. El tango se extendió rápidamente por el mundo y en la década de 1920 se estableció como un tipo de baile popular en Europa y los Estados Unidos. El tipo de tango que más fama y arraigo ha logrado en el mundo entero es el tango de Buenos Aires, también conocido como tango rioplatense.

En un principio se practicaba solamente en esquinas callejeras y únicamente entre hombres, muchos de quienes vivían en áreas pobres y marginadas, lo que le dio al tango una reputación de machismo y arrabal. Sin embargo el tango básicamente representaba en esa época – y aún hoy día – la dignidad y las aspiraciones de los desclasados que le dieron vida. El tango como danza y canción incorpora rasgos de la música gitana, la vibración callejera del acordeón y la energía del flamenco. Años más tarde se bailó en casas de familia y la mujeres empezaron a tomar parte en la danza.

El tango se estableció fuertemente en Argentina y Uruguay, después de la Primera Guerra Mundial, se extendió a otras partes del mundo y alcanzó una respetabilidad y popularidad enormes en los restaurantes, en las salas de baile y en espectáculos de casi todo el mundo. El cantante y la letra que hasta entonces habían jugado un papel secundario, también ganaron importancia y se convirtieron en ingredientes indispensables del tango.

Entre los cantantes de tango se destaca la figura del argentino Carlos Gardel, el padre del tango. Para los argentinos y los fanáticos del tango en el mundo entero, 'el zorzal criollo' o el 'francesito' – como se lo llamaba – no es sólo sinónimo del tango, sino también sinónimo de una cultura que aún después de 60 años de su muerte lo recuerda y celebra su sin igual contribución al desarrollo y la popularización del tango alrededor del mundo. En cada aniversario de su muerte, la tumba de Gardel en Buenos Aires se cubre de ramos de flores enviados o llevados personalmente por sus seguidores. En Medellín, Colombia, donde Gardel murió en un accidente aéreo el 24 de junio de 1935, existe una de sus más grandes fanaticadas, hay una casa gardeliana, un templo y una estatua en su honor, y cada año se conmemora el

**10**

aniversario de su trágica muerte con festivales donde se toca, baila y canta la música que Gardel hizo tan popular y que lo hizo a él igualmente famoso. Se dice que ni Gardel ni el tango nunca pasarán de moda.

## VOCABULARY

| | |
|---|---|
| **nació (nacer)** | to be born |
| **mezcla, f.** | mixture |
| **milonga, f.** | an Argentinian dance, forerunner of the tango |
| **habanera, f.** | Cuban dance |
| **interpretación pública, f.** | public showing, performance |
| **era interpretada** | (the music) was played |
| **conjuntos, m.** | (musical) groups |
| **bandoneón, m.** | small accordion |
| **se extendió (extenderse)** | expanded |
| **se estableció (establecerse)** | established itself |
| **arraigo, m.** | enduring popularity |
| **rioplatense** | from the Buenos Aires region |
| **en un principio** | at the beginning |
| **esquina callejera, f.** | street corner |
| **arrabal, m.** | slum |
| **desclasados, m.** | the underclasses |
| **le dieron vida (dar)** | brought it (the tango) to life |
| **rasgo, m.** | characteristic |
| **cantante, m.** | singer |
| **letra, f.** | lyrics |
| **habían jugado (jugar) un papel** | had played a role |
| **zorzal, m.** | thrush |
| **criollo** | local, vernacular |
| **sin igual** | unique |
| **desarrollo, m.** | development |
| **ramo de flores, m.** | bouquet |

10

| | |
|---|---|
| **seguidor, m.** | follower |
| **fanaticada, f.** | fan club |
| **pasar de moda** | to go out of fashion |

## Exercise 72

Answer the following questions in Spanish:

1 ¿De dónde viene el tango más famoso y cómo se llama?

2 ¿Por qué tuvo el tango inicialmente una reputación de machismo y arrabal?

3 ¿Cuál es el tango más conocido?

4 ¿Quién es la figura más destacada del tango y dónde se conmemora su muerte cada año?

5 ¿En qué época se extendió el tango por Europa y Estados Unidos?

6 ¿Qué bailes se mezclaron para dar vida al tango?

7 ¿Qué sentimientos básicos representa el tango?

8 ¿Dónde se encuentra la tumba de Gardel?

9 ¿Cuáles eran los elementos indispensables del tango antes de la Primera Guerra Mundial?

10 ¿Qué instrumentos se usaron inicialmente para interpretar el tango?

10

## CHILE

Chile junto con Argentina comparte el cono sur de Suramérica. Es tan estrecho que en algunos sitios a simple vista se puede ver la costa Pacífica desde las cumbres andinas. Ningún otro país del mundo parece estar más aislado: por el norte el desierto de Atacama hace difícil el acceso, mientras que la cordillera de los Andes al este se extiende a todo lo largo de la frontera con Argentina; los glaciares antárticos al sur y el Océano Pacífico al oeste son barreras que hasta hace unos años eran insuperables. Chile posee grandes recursos minerales, especialmente al norte, en el desierto de Atacama, una de las regiones más secas y desoladas del mundo.

## VOCABULARY

| | |
|---|---|
| **cono sur, m.** | the Southern cone (of South America) |
| **estrecho** | narrow |
| **a simple vista** | with the naked eye |
| **cumbre, f.** | summit |
| **a lo largo de** | along |

## Feature

### LA ISLA DE PASCUA

A 3.700 kilómetros de la costa sur de Chile, en el Océano Pacífico, está la Isla de Pascua, que hace parte del archipiélago Polinesio pero que le pertenece a Chile. La isla, formada por tres volcanes inactivos, debe su nombre a un explorador holandés que desembarcó allí el domingo de Pascua en el año 1722. Pocos años más tarde llegaron navegantes españoles, después ingleses y más tarde franceses. Finalmente Chile tomó posesión de la isla en 1888. Los pocos nativos de origen polinesio que aún quedan en la isla la llaman Rapa Nui. Otro nombre que aparece en leyendas antiguas es *Te Pito* o *Te Henua*, que significa ombligo de la tierra.

La fama mundial de la isla de Pascua se debe a la presencia de un gran número de gigantescas estatuas de piedra, las cuales representan figuras humanas con cabezas enormes, orejas y narices muy largas y sin piernas. Las estatuas miden entre tres y doce metros de altura y algunas pesan hasta cincuenta mil kilos.

Hay más de cien estatuas en la isla, algunas de ellas

**10**

incompletas. La roca usada en su construcción proviene del cráter Ranu Raraku, donde se encontró una de las más grandes estatuas sin terminar.

Nadie sabe con certeza cómo fue posible construir estas estatuas tan grandes o cómo fueron transportadas desde el lugar de construcción hasta otras partes de la isla, a distancias de doce o más kilómetros. ¿Por cuánto más tiempo va a permanecer el misterio? ¿Cuándo van las estatuas de la isla de Pascua a revelar su secreto?

## VOCABULARY

| | |
|---|---|
| **pertenece (pertenecer)** | belongs |
| **holandés** | Dutch |
| **desembarcó (desembarcar)** | landed |
| **domingo de Pascua, m.** | Easter Sunday |
| **navegante, m.** | sailor |
| **quedan (quedar)** | remain |
| **ombligo, m.** | navel |
| **proviene (provenir)** | originates |
| **certeza, f.** | certainty |

## Exercise 73

State whether each of the following statements is true (**verdadero**) or false (**falso**):

1 La isla de Pascua le pertenece a Chile desde 1722.

2 La isla es famosa por sus enormes figuras de piedra.

3 La estatua completa más grande que se ha encontrado estaba al pie del volcán Ranu Raraku.

4 El origen de las estatuas de piedra es incierto.

5 Las estatuas se transportaron en algunos casos por más de diez kilómetros.

The word **y** is changed to **e** in front of words beginning with the letter **i-** and **hi-**, but not in front of **hie-**. Thus:

**francés e italiano**          French and Italian
**literatura e historia**      literature and history

But:   **carbón y hierro**      coal and iron

Likewise the word **o** changes to **u** in front of **o-** and **ho-**. Thus:

**o él u otro**                      either he or somebody else
**mujer u hombre**           woman or man
**si ves u oyes algo**        If you see or hear anything

If the word 'but' introduces a positive statement in opposition to a previous negative one, it is translated as **sino** rather than **pero**:

**No es inglesa sino china.**
She isn't English but Chinese.

But if the terms of opposition are not mutually exclusive **pero** or **pero sí** (for emphasis) is used:

**No he visto a tu amigo hoy, pero lo voy a ver esta noche.**
I haven't seen your friend today, but I'll see him tonight.
**No he visto a tu hermano, pero sí he visto a tu hermana.**
I haven't seen your brother, but I have seen your sister.

If the verb in the second half of the sentence is omitted, the **sí** can go at the end of the sentence:

**No he visto a tu hermano, pero <u>sí</u> a tu hermana.**
**No he visto a tu hermano, pero a tu hermana <u>sí</u>.**

**10**

## Exercise 74

Fill in the gaps with **y**, **e**, **o** or **u**, **sino** or **pero** as appropriate:

1 ¿Cómo quieres tu whisky? ¿Con soda ... hielo?
2 Con la muerte de Felipe ... Isabel, quedaron sin protección.
3 ¿Cuántos nietos tienes? ¿Siete ... ocho?
4 No son chilenos, ... argentinos.
5 No me gusta la poesía, ... sí las novelas.

## 31 USES OF THE PREPOSITION 'A'

The preposition **a** is used to mean 'to' with verbs of motion:

**Fuimos a las cataratas.**
We went to the waterfalls.
**Vinimos a divertirnos.**
We came to have fun.

to introduce personal objects of verbs:

**Vimos a tu amigo.**
We saw your friend.
**Se marchó llevándose a su amada doncella.**
He left taking with him his beloved maiden.

to mean 'into' and 'on to':

**Se tiró al agua.**
He dived into the water.
**Salí a la calle.**
I went out onto the street.

to indicate 'a point in time':

| | |
|---|---|
| **a las tres** | at three o'clock |
| **al día siguiente** | the next day |
| **A la media hora salió.** | After half an hour he left. |
| **Al verme, se fue.** | When he saw me, he left. |

10

to indicate 'where' in limited situations:

| | |
|---|---|
| **a la derecha/ mano derecha** | on the right |
| **al borde / a orillas de** | on the edge/banks of |
| **al lado de** | at the side of |
| **al pie / fondo de** | at the foot/bottom of |
| **al sur (este, norte, oeste) de** | to the south (east, north, west) of |
| **al sol, a la sombra** | in the sun, in the shade |
| **a la mesa / puerta** | at the table/door |
| **a diez metros de mi casa** | ten metres from home |

to express 'at a price or rate':

| | |
|---|---|
| **a dos euros el kilo** | two euros a kilo |
| **dos veces a la semana** | twice a week |
| **al diez por ciento** | at ten per cent |

after nouns of emotion:

| | |
|---|---|
| **el amor (odio) al trabajo** | love / hatred for work |
| **el miedo a la pobreza** | fear of poverty |
| **la afición a la política** | fondness for politics |

in the following expressions:

| | |
|---|---|
| **a caballo** | on horseback |
| **a mano** | by hand |
| **a ciegas** | blindly |
| **a solas** | alone |
| **a mi modo de ver** | to my mind |
| **a mi juicio** | in my judgement |
| **a causa de** | because of |
| **a pesar de** | despite |
| **a pie** | on foot |
| **a máquina** | by machine |
| **a tientas** | gropingly |
| **a todo correr** | at full speed |
| **a mi parecer** | in my view |
| **a lo largo de** | along |
| **a fuerza de** | by dint of |
| **a través de** | across |

10

THE PREPOSITIONS 'BAJO' AND 'DEBAJO DE' AND THE ADVERB 'ABAJO'

These three sound similar and need careful handling.

**Abajo** means 'downstairs' or 'there below' and is the opposite of **arriba**:

**La cocina estaba abajo, el dormitorio arriba.**
The kitchen was below (e.g. on the ground floor), the bedroom upstairs.

As an adverb it cannot be used to introduce a noun, but is used in certain noun phrases such as:

| | |
|---|---|
| **los de abajo** | the underdogs, or the people in the flat below |
| **cuesta abajo** | downhill |
| **río abajo** | downstream |

**Bajo** and **debajo de** are prepositions and as such introduce nouns. Both can mean 'under', 'below', and 'beneath':

**Un túnel bajo el Estrecho de Gibraltar.**
A tunnel under the Straits of Gibraltar.
**Trabajan bajo tierra.**
They work below ground.
**Debajo de las Pampas hay mucha agua.**
There's a lot of water under the Pampas.

But **bajo** is also used in a figurative sense, when the meaning is not physically 'underneath':

| | |
|---|---|
| **bajo juramento** | under oath |
| **bajo presión** | under pressure |
| **bajo llave** | under lock and key |
| **bajo lluvia** | in the rain |
| **bajo Perón** | under Peron |
| **bajo el mando de** | under the command of |
| **bajo el pretexto de** | under the pretext of |
| **bajo los auspicios de** | under the auspices of |

**10**

When defining a place or time in such phrases, the word 'that' in English is colloquially translated as **que** in Spanish, but **cuando** and **donde** are also used. Both are correct:

**Fue por allí donde/que vivían los indios guaraníes.**
It was there that the Guarani indians lived.
**Fue entonces cuando/que se cambió su estilo de vida para siempre.**
It was then that their lifestyle changed irrevocably.

## Exercise 75

Translate into English:
1 Le tiene pavor a la oscuridad.
2 El testigo declaró bajo juramento.
3 Sucedió bajo la dominación romana.
4 Prefirieron hacerlo a mano.
5 Las ruinas están a diez kilómetros de aquí.
6 La ceremonia tuvo que llevarse a cabo bajo la lluvia.
7 Los niños les tienen miedo a los perros.
8 Eran las nueve cuando llegamos.
9 El gerente tiene el dinero bajo llave.
10 Los venden a cinco pesos el kilo.

10

## Exercise 76

Translate into Spanish:

1 To my mind it's better to walk.
2 They rested under a tree.
3 My brother is very afraid of his teacher.
4 I prefer to write my letters by hand.
5 We went to France and Italy.
6 It was here that he died.
7 She used to live at the foot of the hill.
8 My grandmother lives downstairs.
9 He loves his daughter-in-law.
10 They live on the banks of the Tajo.

## 34 THE -ANDO, -IENDO VERB FORMS

The **-ando**, **-iendo** forms can be used on their own to express:

temporal or causal ideas:

**Siendo una de la región más ricas, permite la crianza del ganado.**
Being one of the richest areas, it allows the raising of cattle.
**Teniendo tantas armas les fue fácil vencer a los indígenas.**
Having so many weapons it was easy for them to defeat the indians.

the manner of an action:

**El guerrero huyó llevándose a la doncella.**
The warrior escaped taking the maiden with him.
**Entró cantando una canción.**
He came in singing a song.
**Nos llegó volando.** It arrived in no time.
**Salió gritando.** He went out screaming.

the means by which an action is performed:

10

**Demostró su destreza construyendo su propia casa.**
He demonstrated his skill by building his own house.
**Se llega a ser rico trabajando mucho.**
One becomes rich by working hard.

After prepositions the -ing form in English is never translated as **-ando /-iendo** in Spanish, but as infinitives:

**antes de salir**  before leaving
**sin saberlo**  without knowing

Verbal nouns are also translated as infinitives:

**El ir y venir de la gente.**
The coming and going of people.
**Me gusta bailar.**
I like dancing.

## Exercise 77

Provide the appropriate form from those indicated in brackets:

1 Después de … las manos, empezó a preparar la comida. (lavarse, lavando)

2 Como le gusta mucho … , va a menudo a las discotecas. (bailar, bailando)

3 A pesar de su accidente, sigue … a caballo. (montar, montando)

4 Por … tan cansado, no pude concentrarme. (estar, estando)

5 El corredor llegó a la meta … . (caminar, caminando)

6 Me encanta … música en la radio. (escuchar, escuchando)

7 Perdió su empleo por … enfermo. (estar, estando)

8 El bañista se dirigió a la isla … . (nadar, nadando)

9 El león hambriento anda … a quien devorar. (buscar, buscando)

10 El pájaro atravesó el parque … . (volar, volando)

## Exercise 78

Translate into Spanish:

1 On finishing her homework, she discovered she now understood.
2 We are talking about the economy.
3 Before dying, the prisoner confessed his crime.
4 He is not running very fast this year.
5 She is not feeling well.
6 Without seeing the letter I cannot decide anything.
7 My favourite pastime is going to the theatre.
8 After winning the lottery, he started drinking.
9 He is working hard on his new book.
10 The little girl took the medicine without crying.

---

### LISTENING PRACTICE

*Los Mapuches*

Todo el mundo sabe algo de los aztecas de México, los incas del Perú y los mayas de Centroamérica. Pero ¿quién ha oído hablar de los mapuches o araucanos? Poca gente, tal vez, con la excepción de los habitantes del centro y sur de Chile. Los mapuches (la palabra viene *mapu* 'tierra' y *che* 'hombre'), resistieron la conquista española con gran valor durante trescientos años.

En 1535, cuando llegaron los conquistadores españoles, los mapuches eran la tribu más importante de la región que hoy se conoce como Chile. Había alrededor de un millón de ellos y se dedicaban a la agricultura, la ganadería, la cerámica y los tejidos. Vivían en una sociedad comunitaria, en pequeñas agrupaciones familiares que compartían todo – tierra, herramientas y cosechas. No tenían gobierno central, ni jefes permanentes, ni rangos militares. La autoridad más importante era el padre

**10**

de familia; en situaciones de emergencia las familias se reunían para elegir un jefe temporal. El espíritu de solidaridad de la comunidad y su valor en defender su tierra fueron dos factores importantes que explican su valentía en la resistencia.

La llegada de los incas, ochenta años antes de la de los españoles, dividió en dos a los mapuches. Los mapuches que vivían al norte sucumbieron rápidamente a los españoles. Al sur, sin embargo, los conquistadores encontraron un pueblo unido, que nunca había sido dominado, ni estaba acostumbrado a pagar tributos por su tierra.

Además, a diferencia de otras razas, no tenían miedo de los caballos y las armas de fuego, y sí desarrollaron nuevas formas de lucha para resistir al ejército español. Los españoles los llamaron *araucanos*, probablemente de *rauca*, que significa 'lugar de agua' en mapuche, por la abundancia de lagos en el centro y sur de Chile.

Hoy en día, casi no hay mapuches en el norte de Chile. Pero en la región del centro y sur viven todavía unos 300.000. Son muy pobres y muchos buscan trabajo en las ciudades como criadas o camareros o bien en las minas de carbón. El resto son campesinos. Los araucanos han mantenido su idioma, sus vestidos típicos, su artesanía, algunas formas de organización social, sus 'machis' (un tipo de sacerdote), su juego nacional 'la chueca' (muy parecido al *hockey* inglés) y también la esperanza de que un día puedan recuperar su dignidad.

10

## VOCABULARY

| | | | |
|---|---|---|---|
| **algo** | something | **ejército** | Spanish army |
| **con gran valor** | with great | **español, m.** | |
| | bravery | **casi no hay** | there are |
| **ganadería, f.** | cattle farming | | almost no… |
| **cerámica, f.** | pottery | **criada, f.** | maid |
| **tejido, m.** | fabric, cloth | **campesino, m.** | farmer, peasant |
| **herramienta, f.** | tool | **han mantenido** | have kept |
| **cosecha, f.** | harvest | **(mantener)** | |
| **pueblo** | united nation | **idioma, m.** | language |
| **unido, m.** | | **artesanía, f.** | crafts |
| **tributo, m.** | tax | **sacerdote, m.** | priest |
| **arma de** | firearm | **recuperar su** | to regain their |
| **fuego, f.** | | **dignidad** | dignity |
| **lucha, f.** | struggle | | |

## Exercise 79

Answer the following questions in Spanish:

1 ¿Qué significa 'mapuche'?

2 ¿Por cuántos siglos lucharon los mapuches contra los españoles?

3 ¿Cuántos mapuches había a la llegada de los españoles?

4 ¿Cuál era la autoridad más importante de la sociedad mapuche?

5 ¿Qué hecho dividió a los mapuches?

6 ¿Cómo llamaron los españoles a los mapuches?

7 ¿Cómo se llama el juego nacional de los mapuches?

8 ¿De qué se emplean los mapuches en las ciudades?

**10**

# Key to exercises

## Lesson 1

**Exercise 1:** 1 La Meseta Central es la altiplanicie más extensa de Europa Occidental. 2 La Meseta ha tenido mucha influencia en la historia de España. 3 En la Meseta Septentrional hay numerosas reliquias de muchas culturas. 4 Muchos escritores famosos han dedicado sus mejores obras a Soria. 5 Castillla-La Mancha es el país de Don Quijote. 6 Los ríos de La Mancha frecuentemente no corren. 7 La Meseta Meridional tiene poca lluvia. 8 Guadalajara es una referencia morisca al río Henares. 9 Madrid es la capital de España. 10 Toledo sintetiza todo lo que es genuinamente español.

**Exercise 2:** 1 Verdadero. 2 Falso. Duró 21 años. 3 Falso. Se construyó sobre una colina de escoria. 4 Falso. La batalla de San Quintín cayó en esta fecha. 5 Verdadero. 6 Verdadero. 7 Falso. Los de Felipe II, sí. 8 Verdadero. 9 Falso. Contuvo la biblioteca más grande de su época. 10 Verdadero.

**Exercise 3:** 1 Castilla debe su nombre a sus numerosos castillos. 2 Castilla fue originalmente un reino. 3 Los castillos manchegos se han preservado gracias a acción gubernamental y a esfuerzos particulares. 4 Los castillos manchegos son testigos de la Reconquista. 5 Muchos castillos sirven de vivienda. 6 El castillo de Villaviciosa es un parador. 7 Algunos castillos como el de la Mota se destinan a usos educativos. 8 El origen de los castillos manchegos se mezcla con las leyendas de caballería.

**Exercise 4:** 1 Verdadero. 2 Falso. Pensó que era buena suerte. 3 Verdadero. 4 Falso. Porque sólo era un escudero. 5 Verdadero. 6 Falso. Lo vio como invitación a la batalla. 7 Falso. Se quedó observando. 8 Falso. Con su lanza. 9 Falso. Lo ayudó a montar a Rocinante. 10 Falso. A buscar más aventuras.

**Exercise 5:** 1 Siento mucho que el libro sea tan caro. 2 Lamento tener que irme ahora. 3 Se arrepiente de su decisión. 4 ¿No sientes que tu equipo no haya ganado? 5 Sintieron mucho habernos ofendido. 6 Nadie se arrepiente de eso más que yo. 7 Sentimos mucho que no se sienta bien. 8 Lamenta no haber puesto una oferta por la casa. 9 Ella lamenta que él no le hubiera dicho a tiempo. 10 Siento mucho que hayas / haya perdido el vuelo.

**Exercise 6:** 1 No se preocupe. 2 ¡Qué vergüenza! 3 No importa. 4 No pasa nada. 5 No se preocupe. 6 No importa. 7 ¡Qué vergüenza! 8 No pasó nada. 9 Sí, ¡discúlpame! 10 No te preocupes.

**Exercise 7:** 1 Un día. 2 Los visigodos. 3 Los musulmanes. 4 Es el único edificio intacto de la era musulmana. 5 Mezcla motivos árabes y cristianos. 6 Porque es una sinagoga. 7 Del arte y la arquitectura góticos. 8 Por las pinturas del Greco. 9 La plaza de Zocodover. 10 El Alcázar.

# Lesson 2

**Exercise 8:** 1 Cataluña está acuñada entre Francia y el resto de España. 2 El catalán es un idioma hermano del español. 3 Cataluña es la primera región comercial de España. 4 Como los vascos, los catalanes buscan su autonomía. 5 Las industrias catalanas son el motor de la economía local. 6 Montserrat se encuentra a casi 35 kilómetros de Barcelona. 7 Las rocas han sido erosionadas por la lluvia y el viento. 8 Montserrat contiene una colección de libros enorme. 9 Las formaciones rocosas le dan al monasterio una apariencia maravillosa. 10 Montserrat es el monumento catalán por excelencia.

**Exercise 9:** 1 Gaudí es el arquitecto catalán de más fama. 2 A los 15 años, Antonio Gaudí publicó sus primeros bosquejos. 3 La Sagrada Familia es la obra más conocida de Gaudí. 4 Las torres fueron construidas siguiendo principios acústicos. 5 La Sagrada Familia es a la vez gótica y moderna. 6 La Sagrada Familia fue una creación propia de Gaudí. 7 Muchos arquitectos no quieren que se continúe su construcción. 8 La catedral todavía no está acabada. 9 Según algunos seguidores de Gaudí, la construcción no puede ser continuada por otros. 10 En la Sagrada Familia Gaudí quiso integrar la arquitectura con las artes.

**Exercise 10:** 1 Verdadero. 2 Falso. Estudió en Madrid. 3 Verdadero. 4 Falso. Dalí pintó cuadros religiosos. 5 Verdadero. 6 Falso. Prefiere a los holandeses. 7 Falso. G. Dou mismo hizo dobles de sus pinturas. 8 Verdadero. 9 Verdadero. 10 Verdadero.

**Exercise 11:** 1 Conocimos a una familia francesa. 2 Tengo dos amigos cordobeses. 3 Las irlandesas por lo general son extrovertidas. 4 Estas chicas son catalanas. 5 El equipo de fútbol madrileño ganó el campeonato. 6 Hay más botes pesqueros españoles que ingleses. 7 Los jugadores de rugby escoceses y galeses son muy fuertes. 8 Hasta las barcelonesas son muy aficionadas al fútbol. 9 Los políticos estadounidenses, alemanes y japoneses se reunieron en Washington. 10 La música cubana es muy popular.

**Exercise 12:** 1 Los hermanos Wright eran estadounidenses. 2 Francisco Franco era gallego (español). 3 Simón Bolívar era venezolano. 4 Las hermanas Bronte eran inglesas. 5 Lenin era ruso. 6 Cristóbal Colón era italiano. 7 Dante era italiano. 8 Cervantes era español. 9 Beethoven era alemán. 10 Juana de Arco era francesa.

**Exercise 13:** 1 Durante los siglos XVI y XVII los conquistadores lograron colonizar las Américas. 2 En el siglo XV los españoles consiguieron reconquistar la Península. 3 En 1995 Miguel Indurain logró ganar su quinto Tour de Francia. 4 Mientras estuvo apresado por los moros, Cervantes pudo escaparse repetidas veces. 5 En 1981 el Rey Juan Carlos consiguió disuadir al ejército de apoyar el golpe. 6 En el año 711 los moros invadieron España y lograron conquistar casi toda la Península. 7 Aníbal con su ejército y elefantes pudo atravesar los Pirineos. 8 Cristóbal Colón consiguió obtener el apoyo de los Reyes Católicos. 9 En julio de 1995 Arantxa Sanchez-Vicario no pudo ganar la final de tenis de Wimbledon. 10 La democracia española logró sobrevivir el golpe militar.

**Exercise 14:** 1 Volvieron a salir para la oficina. 2 Volvió a hacer lo mismo. 3 Volvimos a empezar a trabajar. 4 Vuelve a poner el disco. 5 Volvieron a tocar la pieza. 6 Volvimos a jugar al ajedrez. 7 Volvieron a comprar demasiada comida. 8 ¿Volviste a estudiar el texto? 9 ¿Volviste a poner la carta en el buzón? 10 No volví a tomar leche.

**Exercise 15:** 1 Trata/trate(n) de recordar mi número de teléfono. 2 Probamos muchos vinos diferentes. 3 (Ella) se probó seis pares de zapatos. 4 (El) se esforzó mucho, pero no pasó la entrevista. 5 No es difícil – ¡inténtalo! 6 ¿Por qué no tratas/trata(n) de venderlo? 7 La corbata que se probó era muy cara. 8 Los alumnos deben esforzarse más. 9 No trate de engañar al policía. 10 ¿Quién va a tratar de ganar la carrera?

**Exercise 16:** 1 A 140 kilómetros. 2 Alp. 3 Por la carretera N-152. 4 Las máquinas pisapistas. 5 Todos, tanto el simple aficionado como el esquiador de competición. 6 De diciembre a abril. 7 Aparcamiento y gasolinera. 8 Todo el tiempo. 9 Las largas colas. 10 Compatibilidad en los pases.

# Lesson 3

**Exercise 17:** 1 Andalucía es el área más extensa de España.
2 Doñana es una reserva natural. 3 Es una altiplanicie regada
por el Guadalquivir. 4 Andalucía tiene el promedio de lluvia
más alto de Europa. 5 Muchas civilizaciones se establecieron en
la Península. 6 La Sierra Nevada tiene las cimas más altas de la
Península. 7 En Andalucía hay vestigios de muchas culturas.
8 La ocupación árabe de España duró ocho siglos. 9 Andalucía
ha producido muchos literatos. 10 Las procesiones y romerías
de Semana Santa son manifestaciones religiosas.

**Exercise 18:** 1 Izvila fue el nombre que los árabes le dieron a
Híspalis. 2 Giraldilla es el nombre de una estatua. 3 La Torre del
Oro se construyó originalmente para la defensa de Sevilla.
4 Sevilla era un a ciudad próspera en los siglos XVI y XVII.
5 La tumba de Cristóbal Colón se encuentra en la catedral de
Sevilla. 6 Los jardines y barrios le dan a Sevilla un ambiente
único. 7 'Carmen', la ópera de Bizet, se desarrolla en Sevilla.
8 Para la feria de abril, Sevilla se cubre de luces. 9 Antonio
Nebrija fue el primer gramático español. 10 Miguel de
Cervantes estuvo encarcelado en Sevilla.

**Exercise 19:** 1 Falso. Fue construida en el siglo II a.C.
2 Verdadero. 3 Falso. La conquista musulmana se limitó a la
parte sur de España. 4 Verdadero. 5 Falso. Mandaron construir
una capilla. 6 Verdadero. 7 Verdadero. 8 Verdadero. 9 Verdadero.
10 Falso. Es un estilo que se aplica a muchos otros materiales.

**Exercise 20:** 1 Seco y benigno. 2 Al sudeste. 3 Porque es mitad
árabe y mitad cristiana. 4 Dos siglos. 5 En el siglo XI. 6 Colina
roja. 7 Militar, administrativo, palatino y religioso. 8 El Generalife.
9 Fue una residencia de recreo y descanso de los reyes nazaritas.
10 Boabdil.

**Exercise 21:** 1 Falso. En España. 2 Falso. Fueron perseguidos.
3 Verdadero. 4 Verdadero. 5 Verdadero. 6 Verdadero. 7 Verdadero.
8 Falso. Pueden serlo. 9 Verdadero. 10 Falso. Solamente lo ha
sido desde el siglo XIX.

**Exercise 22:** 1 Es ridículo que nosotros nos quedemos solos.
2 Está triste de que su padre no haya querido asistir a su boda.
3 Daba vergüenza que ella se comportase / comportara así.
4 Me alegro de que Juan nos haya pedido ayuda. 5 Parece raro

que ellos tarden / hayan tardado tanto en volver. 6 Estaban sorprendidos de que nosotros hubiéramos llegado tan tarde. 7 ¿Te parece justo que Pedro haya heredado todo? 8 Se extrañaron de que nosotros nos riéramos tanto. 9 ¿Te duele que Alberto no te escriba / haya escrito? 10 Es absurdo que tus padres no te permitan salir de noche.

**Exercise 23:** 1 Es posible que mi hijo salga temprano. 2 Juana estaba contenta de que Miguel le prestara el libro. 3 Es una lástima que todos estén enfermos. 4 ¿Qué te parece que yo sirva de mediador? 5 Me parece imposible que no hayas entendido. 6 No es raro que te reconozca. 7 Me molesta que hables mal de sus padres. 8 Fue increíble que se encontraran de nuevo. 9 Sentimos mucho que se fuera tan pronto. 10 Era natural que lo quisiera tanto.

**Exercise 24:** 1 Un cristiano que vivía entre árabes. 2 Su vitalidad creadora. 3 Clásica, cristiana, judía y musulmana. 4 Alfonso X. 5 La preservación y difusión de las mejores ideas y obras de las civilizaciones griega, judía y árabe. 6 Una cultura creadora y de altas dotes estéticas. 7 Unos centenares de palabras. 8 Guadi. 9 Río. 10 Las dos se derivan de la palabra árabe que significa puente.

## Lesson 4

**Exercise 25:** 1 Los habitantes del País Vasco conservaron su raza, costumbres e idioma por estar aislados. 2 El nombre vasco de Alava, Vizcaya y Guipúzcoa es Euskadi. 3 El País Vasco es una región más que todo industrial. 4 Los vascos son genéticamente singulares en todo el mundo por su tipo de sangre y su mandíbula. 5 El idioma vasco o vascuence también se conoce como Euskera, su nombre vasco. 6 El proyecto de la universidad de Standford tiene como fin trazar el árbol genealógico humano. 7 Se cree que los vascos son los únicos europeos que descienden del Paleolítico. 8 El origen del Euskera es desconocido. 9 Los lapones, sardos e islandeses proceden del Neolítico. 10 La idea de raza es un estereotipo cultural.

**Exercise 26:** 1 Falso. Es Málaga. 2 Falso. Por su obra 3 Verdadero. 4 Verdadero. 5 Falso. No era famoso. 6 Falso. Por haber pintado el Guernica. 7 Verdadero. 8 Verdadero. 9 Verdadero. 10 Falso. A España.

**Exercise 27:** 1 Miguel Induráin es un ciclista vasco. 2 Cada latido puede impulsar más de un litro de sangre. 3 Sus pulmones son capaces de contener siete litros y medio de aire. 4 Induráin no completó la prueba. 5 Sus piernas pueden producir 500 vatios de potencia. 6 Esta vez abandonó la prueba. 7 Induráin ganó el tour de Francía 5 veces seguidas. 8 Induráin ganó muchas victorias. 9 Induráin es un deportista único. 10 Para ser un campeón, es necesario tener una constitución física perfecta.

**Exercise 28:** 1 Verdadero. 2 Falso. Era de familia rica y noble. 3 Falso. Una tras la otra. 4 Verdadero. 5 Verdadero. 6 Falso. Ocurrió después de colgar sus armas y confesar sus pecados. 7 Verdadero. 8 Falso. A los cuarenta y siete. 9 Falso. Fue elegido general. 10 Verdadero.

**Exercise 29:** 1 No me atrevo a hablar español. 2 Convenimos en salir para San Salvador mañana. 3 Me acuerdo de habértelo dado ayer. 4 Sueño con ganarme la lotería. 5 No dejes de escribirnos cada semana. 6 En la fiesta no tardó en aparecer el vino. 7 Acabamos de verlo cruzar la calle. 8 ¿Quién te enseñó a tocar el piano? 9 ¿Por qué insiste tanto en servirnos vino? 10 Mi amigo terminó por comprar una bicicleta.

**Exercise 30:** 1 The day he/she died, his/her daughters could not stop crying. 2 He/she set off running when he/she heard his/her name. 3 When the phone rang again, I refused to answer. 4 I am about to leave for Madrid. 5 I thought I had seen him several times before. 6 He/she never stops telling us what she/he has done. 7 You were right to say nothing. 8 I got tired of always eating the same thing. 9 It was yesterday that he/she started to feel ill and to insist on going back home. 10 There was no way to make her understand that she should not go.

**Exercise 31:** 1 De la Edad Media. 2 En España y Francia. 3 Jai alai. 4 La cancha de la pelota vasca. 5 Porque la pelota puede alcanzar velocidades de hasta 300 km/h.

# Lesson 5

**Exercise 32:** 1 Falso. El resto de España sí. 2 Verdadero. 3 Falso. El idioma gallego no es celta. 4 Verdadero. 5 Verdadero. 6 Falso. A partir del siglo IX. 7 Verdadero. 8 Falso. Orense no es un puerto. 9 Falso. Finisterre es Galicia y el nombre de un cabo. 10 Verdadero.

**Exercise 33:** 1 Desde el siglo IX, se inventaron apariciones de Santiago. 2 Santiago de Compostela rivalizaba con Roma y Jerusalén. 3 Los peregrinos procedían de regiones muy lejanas de Europa. 4 La Ruta Jacobea atraviesa las provincias de Navarra, Logroño y León, entre otras. 5 Aymeric Picaud escribió una guía turística. 6 Después de setecientos kilómetros, el camino conducía a los peregrinos a la catedral de Santiago. 7 Las peregrinaciones ayudaron a la difusión de la cultura europea. 8 Como peregrinos, los delincuentes podían acortar su sentencia. 9 El símbolo de los Jacobitas era una concha. 10 Entre los Jacobitas se incluyen personajes famosos.

**Exercise 34:** 1 Según la tradición, Santiago está enterrado en la ciudad que lleva su nombre. 2 Compostela podría tener su origen en la palabra latina que significa 'cementerio'. 3 Las apariciones de Santiago fueron aprovechadas por los cristianos para reforzar la moral de sus tropas. 4 El prestigio del santo patrón de España sirvió para atraer a muchos peregrinos a Santiago a partir del siglo X. 5 La construcción de la catedral se empezó a principios del siglo XI. 6 El Pórtico de la Gloria contiene esculturas que narran la historia de la religión cristiana. 7 La catedral se purifica con incienso. 8 El Año Santo Compostelano se celebra cuando el 25 de Julio cae en domingo. 9 Las gaitas gallegas proveen la música durante las celebraciones. 10 El humo del incensario se eleva y llena la iglesia de un olor reverente.

**Exercise 35:** 1 Si llovía, pasábamos las tardes jugando a las cartas. 2 Se lo daré a mi padre si lo vuelvo a ver. 3 Si fuera/fuese verdad lo que dice, yo no le prestaría más dinero. 4 Si mis padres hubieran/hubiesen venido ayer, podríamos haber hablado con ellos. 5 Eso no te habría pasado, si hubieras/hubieses tenido más cuidado. 6 Sería más simpática si fuera/fuese un poco menos tímida y se vistiera/vistiese mejor. 7 Si te casaras/casases con Ana, su madre se pondría muy contenta. 8 Yo no me habría dejado engañar así, aunque me hubiera/hubiese ofrecido el mundo. 9 Si apruebas el examen yo quedaré satisfecha. 10 Si tú hubieras/hubieses llegado a tiempo, yo no habría tenido que ir a la policía.

**Exercise 36:** 1 No sé si esto es verdad. 2 No nos habríamos preocupado si hubiéramos/hubiésemos sabido que todo estaba bien. 3 Si él tuviera/tuviese razón, tendríamos que aceptar su idea. 4 Si ella hubiera/hubiese entrado a/en la casa, lo habría visto. 5 Si me esforzara/esforzase más, tendría más éxito.

6 Si yo no hubiera/hubiese tomado tanto anoche, no tendría dolor de cabeza. 7 Si quieres, ven a cenar el sábado por la noche. 8 Si le gusta, ella puede quedarse con ella. 9 Si alguien llama, no abras la puerta. 10 Si ellos no hubieran/hubiesen venido temprano, no los habríamos visto.

**Exercise 37**

| Infinitive | Tú | Ud. | Vosotros/as | Uds |
|---|---|---|---|---|
| escribir | escribe | escriba | escribid | escriban |
| meter | mete | meta | meted | metan |
| trabajar | trabaja | trabaje | trabajad | trabajen |
| correr | corre | corra | corred | corran |
| peinarse | péinate | péinese | peinaos/ peinaros | péinense |
| bañarse | báñate | báñese | bañaos/ bañaros | báñense |

**Exercise 38:** 1 Ayúdenos. 2 Idos/Iros. 3 Cásate. 4 Venid/Venir. 5 Cómprelo. 6 Dímelo. 7 Venid/Venir esta tarde. 8 Llámenme a las diez. 9 Olvidadlo/Olvidarlo. 10 Coman algo.

**Exercise 39:** 1 No nos ayude. 2 No os vayáis. 3 No te cases. 4 No vengáis. 5 No lo compre. 6 No me lo digas. 7 No vengáis esta tarde. 8 No me llamen a las diez. 9 No lo olvidéis. 10 No coman nada.

**Exercise 40:** 1 Por su gran variedad. 2 Jamón, carne de vaca, gallina, chorizo, grelos o repollo, patatas y garbanzos. 3 Para la Navidad. 4 La suavidad del pan y la variedad del relleno. 5 El pescado y los mariscos. 6 Las truchas, los salmones, las angulas, las anguilas y los sábalos. 7 En el percebe. 8 El pulpo *a la feira.* 9 Lo que se quiera poner. / De todo. 10 El lacón con grelos.

# Lesson 6

**Exercise 41:** 1 La Sierra Madre Oriental, la Sierra Madre Occidental y Sierra Madre del Sur. 2 La montaña humeante. 3 El nombre oficial del país, Estados Unidos de México. 4 Por sus contrates y porque todo en México es genuinamente mexicano. 5 Es el nombre del dios azteca de la guerra. 6 En el siglo XIX. 7 España. 8 En las áreas desérticas del norte y en los llanos de Yucatán.

**Exercise 42:** 1 En México hay ruinas de muchas culturas.

2 Palenque da muestras de una arquitectura muy fina.
3 Los vestigios de Palenque datan de los siglos VII y VIII.
4 Las pirámides mayas se usaban como sepulcros. 5 No se sabe por qué la civilización maya se extinguió. 6 Los mayas y los aztecas usaban el cacao como alimento. 7 El maíz es la base de la alimentación mexicana. 8 En México hay mas de cuatro mil variedades de maíz. 9 El tequila se saca del maguey.

**Exercise 43:** 1 Falso. Solamente de viento y percusión. 2 Falso. Llevaron instrumentos de cuerda. 3 Verdadero. 4 Verdadero. 5 Falso. Son músicos y la música que tocan. 6 Falso. En toda clase de celebraciones y fiestas. 7 Verdadero. 8 Verdadero. 9 Verdadero. 10 Falso. Se escucha en todas partes del mundo.

**Exercise 44:** 1 La frontera de México con Estados Unidos tiene más de tres mil kilómetros de longitud / de largo. 2 El litoral de México tiene más de diez mil kilómetros de longitud / de largo. 3 El Orizaba tiene cinco mil setecientos metros de altura / de alto. 4 México es el segundo país más extenso de Hispanoamérica y el más poblado de todos. 5 México D.F., con más de veinte millones de habitantes (en 2002) es la ciudad más poblada del mundo. 6 El Museo Nacional de Antropología de México es uno de los mejores museos arqueológico-antropológicos del mundo.

**Exercise 45:** Manzanillo está a trescientos cincuenta al oeste/occidente del Distrito Federal. Mérida se encuentra a ochocientos kilómetros al este/oriente del Distrito Federal. Acapulco está doscientos noventa y cuatro kilómetros al sur del Distrito Federal.

**Exercise 46:** El Amazonas es el segundo río más largo del mundo. El Everest es la montaña más alta del mundo. Bogotá es la tercera capital más alta del mundo.

**Exercise 47:** 1 ¡Qué ciudad más/tan limpia! 2 ¡Qué canciones más /tan románticas! 3 ¡Qué problema más/tan grande! 4 ¡Qué coche más/tan lujoso! 5 ¡Qué casas más/tan caras! 6 ¡Qué ruinas más/tan antiguas! 7 ¡Qué montaña más/tan alta! 8 ¡Qué descubrimiento más/tan importante! 9 ¡Qué comida más/tan variada! 10 ¡Qué espectáculo más/tan interesante!

**Exercise 48:** 1 Este plato es fácil de preparar. 2 Este rompecabezas es difícil de armar. 3 Este problema es imposible de resolver. 4 El coche es complicado de reparar. 5 Palenque no es fácil de visitar. 6 No fue fácil pintar ese cuadro. 7 Será posible predecir el resultado. 8 Es difícil interpretar la novela clásica moderna.

9 Es completamente imposible entender tu letra. 10 Es difícil descifrar las inscripciones en las pirámides.

**Exercise 49:** 1 La codicia de los conquistadores y la ingenuidad de los aztecas. 2 Porque Cortés llegó a México en la época en que se esperaba el regreso del dios Quetzacóatl, según la leyenda. 3 Moctezuma le ofreció regalos y hospitalidad. 4 Se comunicaron por intermedio de una indígena llamada Malinche, quien sirvió de intérprete entre Cortés y los aztecas. 5 Cortés lo hizo prisionero. 6 Porque querían vengarse de Moctezuma por haberlos subyugado. 7 La pólvora y los caballos. 8 Porque habían capturado a Moctezuma. 9 Los españoles llamaron el 30 de junio de 1520 "la Noche Triste" porque esa noche murieron muchos soldados españoles a manos de los aztecas. 10 Muchos murieron a manos de los aztecas; otros se ahogaron en el lago por el peso del oro que llevaban.

# Lesson 7

**Exercise 50:** 1 Verdadero. 2 Verdadero. 3 Falso. Fue construido por los españoles. 4 Falso. Martí murió antes de que Cuba ganara su independencia de España. 5 Verdadero. 6 Verdadero. 7 Verdadero. 8 Verdadero. 9 Verdadero. 10 Falso. Martí escribió unos versos que después fueron adaptados a la canción 'Guantanamera'.

**Exercise 51:** 1 En su cuarto viaje Colón desembarcó en Honduras. 2 El principal objetivo de los conquistadores fue encontrar oro. 3 En 1821 la guerra civil terminó con la unión de los países centroamericanos. 4 Guatemala es muy fértil en parte debido a que tiene agua en abundancia. 5 El principal vestigio de la civilización maya en Guatemala es Tikal. 6 A pesar de su avanzada civilización, los mayas no conocieron la rueda. 7 El Salvador es el más pequeño de los países centroamericanos. 8 El Salvador está en una zona que sufre muchos sismos. 9 A la llegada de los españoles a América Central los mayas estaban en decadencia.

**Exercise 52:** 1 El mayor recurso de Honduras son sus maderas. 2 El Lempira debe su nombre a un cacique indio. 3 El maíz ha sido el alimento principal de los hondureños por mucho tiempo. 4 La mayoría de la población hondureña vive en la capital. 5 Managua ha sido destruida varias veces por los terremotos. 6 Aguaraco es el nombre de los indios que ocuparon parte de Nicaragua. 7 Rubén Darío fue un escritor distinguido.

**Exercise 53:** 1 Del ecoturismo. 2 Porque el nivel de alfabetismo es de más del 85%. 3 Veinticuatro. 4 Nadie sabe. 5 (El ingeniero francés) Fernando de Lesseps. 6 Por temor a los ataques de los piratas ingleses. 7 Eliminó casi por completo la fiebre amarilla de la Zona del Canal. 8 En 1914.

**Exercise 54:** 1 Ha faltado a su palabra, y no escucha los consejos. 2 Fíjate bien en lo que te digo y no te olvides de cumplirlo. 3 Disfruten de la naturaleza y no abusen de ella. 4 Agradezco tu colaboración; me fío de ti totalmente. 5 Cuando asiste a las clases recuerda mucho a su otra profesora. 6 Siento la muerte de tu tío; siempre me acordaré de él. 7 No te fíes de nadie y aguanta todo sin quejarte. 8 Salió de su habitación y se olvidó de todo. 9 Fíjate en su cara y no te fíes de él. 10 Me acerqué a la caja y pagué la cuenta.

**Exercise 55:** 1 Dudo que sea antipática. 2 No creo que las dos sean gemelas. 3 Te digo que nadie se dio/da/dará cuenta. 4 ¿Crees que Juan quiera/quiere decir algo? 5 No pienses que es cierto. 6 Creo que Pedro no viene a la fiesta. 7 Parecía que iba a nevar. 8 Me imagino que tú sacaste/sacas/sacarás buenas notas. 9 Es obvio que ella te ha mentido. 10 Yo no creo que ellos me puedan vigilar todo el tiempo.

**Exercise 56:** 1 Uno. 2 Con una familia guatemalteca. 3 Cinco millones de quetzales. 4 Cuatro meses. 5 En Antigua.

## Lesson 8

**Exercise 57:** 1 Por estar situada en la esquina noroeste de Suramérica a Colombia se le llama la puerta de Suramérica. 2 Colombia debe su nombre a Colón. 3 Los llanos colombianos se encuentran al oriente / este del país. 4 Colombia, Venezuela y Ecuador formaron la Gran Colombia. 5 Entre los minerales, el más abundante en Colombia es el carbón. 6 El café es el primer producto colombiano de exportación. 7 Alrededor del dos por ciento del territorio colombiano está dedicado al cultivo de café.

**Exercise 58:** 1 'Venezuela' significa pequeña Venecia.

2 Venezuela se conoce en el mundo por el petróleo. 3 Los tepuyes son formaciones rocosas. 4 El salto Angel es la catarata más alta del mundo. 5 El Territorio Federal Amazonas y el Estado Bolívar son la Venezuela del futuro. 6 El setenta por ciento del petróleo venezolano se encuentra en el lago Maracaibo. 7 El Parque Nacional Canaima está en el Macizo Guayanés. 8 El petróleo representa el noventa por ciento de los ingresos venezolanos. 9 Venezuela importa el setenta y cinco por ciento de su comida.

**Exercise 59:** 1 Verdadero. 2 Falso. Hay el doble. 3 Verdadero. 4 Falso. Es todavía un turismo naciente. 5 Falso. Su objetivo es acercar al visitante a la naturaleza y brindarle la oportunidad de conocer el bosque tropical húmedo. 6 Verdadero. 7 Verdadero.

**Exercise 60:** 1 Lo que tienes que hacer es acostarte temprano y dejar de pensar en tu problema. 2 Es ella la que tiene que hacerlo, no yo. 3 No sé lo que va a pasar cuando mi padre se entere. 4 ¿Son éstos tus libros o los de tu amiga? 5 No te burles del hombre con el que voy a casarme pronto. 6 Tenemos lo necesario. 7 Lamento lo que te dije – discúlpame, por favor. 8 La cama en la que ella duerme no es muy cómoda. 9 La dama por la que Don Quijote hacía locuras se llamaba Dulcinea. 10 Fue mi amigo el que regresó tarde anoche.

**Exercise 61:** Se ponen en una fuente los pimientos y los tomates. Se rocían con un poquito de aceite crudo y se asan al horno. Después de asados se dejan reposar por una hora y se pelan. Una vez pelados, se pican y se ponen en una sartén con el resto del aceite crudo, el ajo y los cominos (previamente machacados con un poco de sal) y 1/4 de litro de agua. Se ponen a hervir durante 15 minutos, se añade el huevo duro troceado y se deja hervir por otros 5 minutos.

**Exercise 62:** lo que se necesita (what one needs); se le ofrece (you are offered); se encarga de todo (takes charge of everything); escápese (escape); preocuparse de (to be concerned about); se escape (escapes); relajarse (to relax); anímese (go for it); diviértase (enjoy yourself); se adueña (dominates); no se pierda el tour (don't miss the tour).

**Exercise 63:** 1 La semana anterior. 2 Porque quiere alquilar un coche. 3 Depende de la clase de vehículo. 4 Un Renault 19. 5 En Maiquetía. 6 No lo puede ni recoger ni entregar. 7 Veinte tres años de edad, mínimo tres años de experiencia y pagar por adelantado. 8 Llenar el tanque de gasolina. 9 Con tarjeta de crédito. 10 Ir a la oficina de Servicar en llegadas y enseñar su comprobante.

## Lesson 9

**Exercise 64:** 1 El aymará es un idioma preincaico. 2 El volcán Pichincha está cerca de Quito. 3 Los Andes dominan la topografía del Ecuador. 4 Las islas Galápagos también se llaman el archipiélago Colón. 5 Lo más característico de las islas Galápagos son las tortugas gigantes. 6 En las islas hay setenta y siete especies de aves únicas. 7 En 1832 Ecuador anexó las islas Galápagos. 8 Las islas Galápagos fueron descubiertas por los españoles. 9 La visita de Darwin a las Galápagos le ayudó a confirmar su teoría de la evolución.

**Exercise 65:** 1 Falso. Tiene una topografía muy montañosa. 2 Falso. Está en la costa. 3 Verdadero. 4 Falso. También se usan para la producción de carne, lana y leche. 5 Verdadero. 6 Falso. Terminan en las cimas vecinas a Nazca. 7 Falso. Son dibujos de animales. 8 Verdadero.

**Exercise 66:** 1 Los españoles llamaron a Bolivia el Alto Perú por su semejanza con Perú. 2 Bolivia tomó su nombre de el Libertador. 3 La meseta boliviana es una de las regiones más elevadas del mundo. 4 Setenta por ciento de Bolivia está casi completamente despoblado. 5 En el altiplano boliviano hay grandes minas. 6 En 1884 y 1935 Bolivia se vio envuelta en disputas limítrofes. 7 La quena, el pinkillo y el siku son instrumentos originarios de Bolivia. 8 Cada año a orillas del lago hay una celebración en honor a Manco Capac. 9 Tiahuanaco todavía guarda muchas incógnitas.

**Exercise 67:** 1 ¿De quién es ese coche/carro? 2 Él vive con mi hermano, quien trabaja en la misma ciudad. 3 El es el hombre a quien se le murió la esposa ayer/cuya esposa murió ayer. 4 Soy el hombre a quien se le averió el coche (carro)/cuyo coche (carro) se averió. 5 Perú, que tenía una de las más avanzadas civilizaciones precolombinas, es rico en minerales. 6 El español que destruyó la civilización inca fue Pizarro. 7 Vimos muchas estatuas gigantes cuyo origen es desconocido. 8 Esa es la chica cuya casa compré/a quien le compré la casa. 9 ¿De quién son estos instrumentos?

10 Los indios, quienes no tienen mucha tierra, son muy ingeniosos.

**Exercise 68:** 1 Después de la muerte de su esposo, la condesa siempre estaba de luto y se vestía de negro. 2 Los animales nocturnos duermen de día y son activos de noche. 3 Cuando voy de viaje siempre me quedo en hoteles donde sirven buena comida. 4 Aunque no estaba de turno el policía detuvo al ladrón. 5 Un actor tiene que aprender su parte de memoria. 6 No puedo parar ahora. Estoy de prisa. 7 Se ha reído mucho hoy. Está de buen humor. 8 No me pudiste ver porque estabas de espaldas a la ventana. 9 Es tu decisión, pero yo no estoy de acuerdo. 10 Esto está mal hecho. Hágalo de nuevo.

**Exercise 69:** 1 He comido suficiente. 2 Es demasiado pesado/a para cargarlo/la. 3 Bebieron demasiado vino. 4 El tiene demasiados problemas. 5 Este café no tiene suficiente azúcar. 6 La escalera es suficiente alta. 7 Hay demasiada gente. 8 Ud. Conduce/maneja demasiado rápido. 9 Tenemos bastante/suficiente que aprender. 10 ¿Quién tiene bastante/suficiente dinero?

**Exercise 70:** 1 Perú. 2 Henry Meiggs. 3 Treinta y ocho. 4 Ticlio. 5.171 kilómetros. 6 Sesenta y un puentes y sesenta y seis túneles. 7 Por las duras condiciones de los Andes. 8 Contrató obreros chinos y chilenos. 9 En Chile. 10 Porque murió antes de que fuese/fuera terminado.

# Lesson 10

**Exercise 71:** 1 están 2 lugar 3 convergen 4 se precipita 5 Narra 6 se escapaba 7 adorada 8 el tiempo 9 caen 10 ruido

**Exercise 72:** 1 De Buenos Aires y se llama rioplatense. 2 Por ser bailado por hombres en esquinas callejeras, en áreas pobres y marginadas. 3 El de Buenos Aires o rioplatense. 4 Carlos Gardel. En Medellín y Buenos Aires. 5 Después de la década de 1920. 6 La milonga argentina, la habanera cubana y el flamenco español. 7 La dignidad y las aspiraciones de los desclasados. 8 En Buenos Aires. 9 El baile y la música. 10 La flauta, el piano y el bandoneón.

**Exercise 73:** 1 Falso. Desde 1888. 2 Verdadero. 3 Falso. La estatua estaba sin terminar. 4 Verdadero. 5 Verdadero.

**Exercise 74:** 1 ¿Cómo quieres tu whisky? ¿Con soda y hielo?
2 Con la muerte de Felipe e Isabel, quedaron sin protección.
3 ¿Cuántos nietos tienes? – Siete u ocho? 4 No son chilenos,
sino argentinos. 5 No me gusta la poesía, pero sí las novelas.

**Exercise 75:** 1 He / she is terrified of darkness. 2 The witness
testified under oath. 3 It happened under Roman rule.
4 They preferred to do it by hand. 5 The ruins are ten
kilometres from here. 6 The ceremony had to take place in
the rain. 7 The children are frightened of the dogs. 8 It was
9 o'clock when we arrived. 9 The manager keeps the money
under lock and key. 10 They sell them at five pesos per kilo.

**Exercise 76:** 1 A mi parecer es mejor caminar. 2 Descansaron
debajo de un árbol. 3 Mi hermano le tiene miedo a su profesor.
4 Prefiero escribir mis cartas a mano. 5 Fuimos a Francia e
Italia. 6 Fue aquí que / donde él murió. 7 Ella vivía al pie de
la colina. 8 Mi abuela vive abajo. 9 Quiere/ama a su nuera.
10 Viven a orillas del Tajo.

**Exercise 77:** 1 lavarse 2 bailar 3 montando  4 estar
5 caminando  6 escuchar 7 estar 8 nadando 9 buscando
10 volando

**Exercise 78:** 1 Al terminar sus deberes se dio cuenta de que
ahora entendía. 2 Estamos hablando de la economía. 3 Antes
de morir, el preso confesó su crimen. 4 (Él) no está corriendo
muy rápido este año. 5 (Ella) no se siente bien. 6 Sin ver la
carta, no puedo decidir nada. 7 Mi pasatiempo favorito es ir al
teatro. 8 Después de ganarse la lotería, empezó a tomar. 9 (Él)
está trabajando duro en su nuevo libro. 10 La niña se tomó la
medicina sin llorar.

**Exercise 79:** 1 Significa 'hombre de la tierra'. 2 Por tres siglos.
3 Alrededor de un millón. 4 El padre de familia. 5 La llegada de
los incas. 6 Araucanos. 7 La chueca. 8 De criadas y camareros.

# Mini-dictionary

Although the following is not an exhaustive list of words found in the book, it will be helpful as a quick reference. It is assumed that at this level of attainment in Spanish, the learner will be in possession of a good dictionary, which will do much fuller justice to the range and nuance of meaning of Spanish words.

**a caballo entre** straddled across
**a ciencia cierta** with certainty
**a diferencia de** unlike
**a lo largo de** along
**a lo mejor** perhaps
**a más de** in addition to, besides
**a medida que uno se acerca** as you get near
**a menudo** often
**a mitad de precio** at half price
**a orillas** on the shores
**a pesar de** in spite of
**a punto** ready
**a regañadientes** grudgingly
**a simple vista** with the naked eye
**a través de** through, via
**abarca (abarcar)** covers
**acera,** (f) pavement, sidewalk
**acercar** to bring nearer
**acero,** (m) steel
**acertado** (acertar) got it (right)
**aconsejar** to advise
**acueducto,** (m) aqueduct
**aficionado,** (m) amateur
**agobiante** grinding
**agregaron (agregar)** added
**agrícola** agricultural
**águila real,** (f) golden eagle
**aíslan (aislar)** isolate
**al igual que** like
**alberga (albergar)** gives shelter
**alcacel,** (m) barley field
**alcachofa,** (f) artichoke
**alcantarilla,** (f) sewer
**alcatraz,** (m) gannet
**alcoba,** (f) bedroom
**aldea,** (f) village

**alejada** isolated
**alfabetismo,** (m) literacy
**alfarería,** (f) pottery
**alfarero,** (m) potter
**alfiler,** (m) pin
**alfombrada (alfombrar)** covered
**algo** something
**algodón,** (m) cotton
**aliado,** (m) ally
**alimenticio** food (product)
**alma,** (f) soul, heart
**almacén,** (m) store, shop
**almacenar to** store, to stock
**almeja,** (f) cockle
**almíbar,** (m) syrup
**almohada,** (f) pillow
**aloja (alojar)** houses, shelters
**alojamiento,** (m) lodgings
**alojar** hold
**alojarse** to lodge, to stay
**alquilar** to hire
**alquiler de esquís,** (m) ski hire
**altiplanicie,** (f) plateau
**altiplano,** (m) plateau
**alto (lo)** the top (of mountains)
**altozano,** (m) hillock
**alumbre,** (m) alum
**alusiva** allusive, referring to
**amarillento** yellowish
**ambiente,** (m) ambience, atmosphere
**ambos** both
**amenaza,** (f) threat
**amo,** (m) master
**amparo,** (m) refuge
**añade (añadir)** adds
**ancestro,** (m) background, ancestry

**anchura,** (f) width
**andino** Andean
**anguila,** (f) eel
**angula,** (f) baby eel
**animado** lively, colourful
**animar** to urge on
**añoranza,** (f) evocation, nostalgia
**aparición,** (f) appearance
**apenas** just
**aprovechar to** take advantage of
**apta** suitable
**ara,** (m) altar
**araña,** (f) spider
**arco de herradura,** (m) horseshoe
  arch
**arco iris,** (m) rainbow
**arduo** hard, exhausting
**arma de fuego,** (f) fire arm
**arrabal,** (m) slum
**arraigo,** (m) enduring popularity
**arrancado de** torn from (the
  pages of)
**arremetió (arremeter)** attacked
**arribo,** (m) arrival
**arroyo,** (m) stream
**arroz,** (m) rice
**artefacto,** (m) object, artefact
**artesanía,** (f) crafts
**artesano,** (m) craftsman
**artículo deportivo,** (m) sports
  item
**asa,** (f) handle
**asegurarse** ensure
**asistir** attend
**asno,** (m) donkey
**asombroso** amazing
**aspa,** (f) arm, blade
**ataúd,** (m) coffin
**aterrizó (aterrizar) forzosamente**
  crash-landed
**aterrorizar** to terrorise
**atestiguan (atestiguar)** bear
  witness
**atropellado** run over
**auge,** (m) peak
**augurio,** (m) omen
**autóctona** indigenous

**ave,** (f) bird
**aviador,** (m) pilot
**azafrán,** (m) saffron
**azúcar,** (m) (Spain), (f) (LAmerica)
  sugar
**azucena,** (f) water lily
**azufre,** (m) sulphur
**azulejo,** (m) (ornamental) glazed tile

**bahía,** (f) bay
**bailaor,** (m) flamenco dancer
**baile,** (m) dancing
**bandoneón,** (m) small accordion
**barca de junco,** (f) reed boat
**barco de vapor,** (m) steam boat
**báscula, (**f) weighing scales
**bases,** (f) foundations
**bastar** to be enough
**beatificado** beatified
**bebida,** (f) drink
**biblioteca,** (f) library
**bigote,** (m) moustache
**billete de regreso,** (m) return ticket
**blanco,** (m) target
**boda,** (f) wedding
**bombardeo,** (m) bombing
**bombear** to pump
**borde,** (m) lining
**bosque tropical húmedo,** (m)
  tropical rainforest
**bosque,** (m) woods, forest
**bosquejo,** (m) sketch, drawing
**brazo,** (m) arm
**brevemente** for a short time
**brindarle (brindar)** to offer
**buque ballenero,** (m) whaling ship

**caballeresco** chivalresque
**caballero,** (m) knight
**cacao,** (m) cocoa
**cacique,** (m) chieftain
**cadencia,** (f) cadence, rhythm
**cafetal,** (m) coffee plantation
**calamar,** (m) squid
**caldeira (en)** stewed (in a pot)
**cálido** hot
**califa,** (m) Caliph

**camarón,** (m) prawn
**camino,** (m) track
**campana de oro,** (f) golden bell
**campesino,** (m) farmer, peasant
**campiña,** (f) countryside
**campo petrolífero,** (m) oil field
**caña,** (f) cane
**cancha,** (f) court
**cañón,** (m) ravine, canyon
**canonizado** canonised
**cantante,** (m) singer
**cante,** (m) singing, song
**caraqueño,** (m) from Caracas
**carbón,** (m) coal
**cárcel,** (f) prison
**carmín** bright red
**carne,** (f) beef
**carrera,** (f) career
**caseta,** (f) temporary hut
**casi no hay Mapuches** there are almost no Mapuches
**castaño** brown
**catarata,** (f) waterfall
**caudaloso** (river) carrying a high water volume
**caverna,** (f) cave
**cayó en manos (caer)** fell into the hands
**cayo,** (m) key, islet
**cebado** fattened
**cebolla,** (f) onion
**cedro,** (m) cedar
**celtíbero,** (m) Celto-Iberian
**centenar,** (m) hundred
**centenaria** ancient, old
**centolla,** (f) spider crab
**cerámica,** (f) pottery
**certeza,** (f) certainty
**cesta,** (f) basket
**charango,** (m) South American stringed instrument made from the armadillo shell
**charro,** (m) Mexican cowboy
**chocante** shocking
**choco,** (m) cuttlefish
**cientos** hundreds
**ciervo,** (m) deer

**cima,** (f) summit
**circunda (circundar)** surrounds
**ciudad regia,** (f) royal city
**cobardes** coward (adj)
**cobre,** (m) copper
**codicia,** (f) greed
**cofradía,** (f) brotherhood
**colgante** hanging
**colgar** to hang
**colibrí,** (m) humming bird
**colina,** (f) hill
**colorido,** (m) character
**comercio exterior,** (m) foreign trade
**comida,** (f) food
**comparte con (compartir)** shares with
**comprobante,** (m) receipt
**con el fin de** in order to
**con este propósito** for this purpose
**con gran valor** with great bravery
**concha,** (f) shell
**condena,** (f) sentence
**confesar sus pecados** to confess one's sins
**confieren (conferir)** confer
**conjunto,** (m) set, complex
**conjuntos,** (m) (musical) groups
**cono sur,** (m) the Southern cone of South America
**constitución física,** (f) physique
**construyó (construir)** built
**consumido (consumir)** eaten
**convivencia,** (f) coexistence
**cordillera,** (f) mountain range
**corona,** (f) crown
**corte,** (m) cutting, harvest
**cosecha,** (f) crop
**costarricense** Costa Rican
**cotizado** valued, sought after
**crece (crecer)** grows
**crecimiento,** (m) growth
**cría de animales,** (f) animal husbandry
**criadas,** (f) maids
**criollo** local, vernacular
**cruza (cruzar)** crosses
**cualquier aeropuerto** any airport

**cualquiera que sea el estado** whatever the state

**cuartel,** (m) barracks

**cuchara,** (f) spoon

**cuenta con (contar)** has

**cuento,** (m) story

**cuerda,** (f) rope

**culminado (culminar)** finished

**cultivo,** (m) farming

**cumbre,** (f) summit

**cuna,** (f) cradle

**cuña,** (f) wedge

**curar (quesos)** to cure (cheeses)

**cúspide,** (f) height, pinnacle

**da (dar) lugar** causes

**dado que** given that

**dama durmiente,** (f) the sleeping lady

**dan empuje** a drive

**daño,** (m) injury

**data de (datar)** dates from

**de acuerdo (estar)** to agree

**de atrás** back, rear

**de la nada** out of nothing

**de que habían sido objeto** which they had been subjected to

**de veras** truly

**de vez en cuando** from time to time

**debe su nombre** owes its name

**debido a esto** owing to this

**decaer** to decline

**dependendiendo (depender)** depending

**derecho** right

**derrota,** (f) defeat

**derrotar** to defeat

**derrumbada (derrumbar)** pulled down

**derrumbe,** (m) landslide

**desarrollo,** (m) development

**desclasados,** (m) the underclasses

**descuellan (descollar)** stand out

**deseable** desirable

**desembarcó (desembarcar)** to land

**desembocadura,** (f) estuary

**desempeñaba (desempeñar) un papel** played a role

**deseo,** (m) wish

**desesperante** unbearable,

**deshabitada** uninhabited

**deshielos,** (m) thaw, melting

**desigual** unequal

**desnivel,** (m) the fall, incline

**despejado** cloudless

**despensa,** (f) larder

**despliega (desplegar)** displays

**despoblada** unpopulated

**despojo,** (m) loot, booty

**destacar** to highlight

**destreza,** (f) skill

**deuda externa,** (f) external debt

**devuelta (dar)** returned

**diablo,** (m) devil

**dibujo,** (m) drawing

**diezmado** decimated

**diezmaron (diezmar)** decimated, killed

**diminuta** minute

**diseño,** (m) design

**disponer de** to have (facilities)

**distorsionado** distorted

**diversidad sanguínea,** (f) blood type diversity

**divisa,** (f) foreign exchange

**domingo de Pascua,** (m) Easter Sunday

**doncella,** (f) maiden

**echar mi suerte** to throw my lot (with the poor)

**Edad Media,** (f) the Middle Ages

**ejerce (ejercer)** to exert

**ejército,** (m) army

**elevado** high

**embistió (embestir)** charged

**emblema,** (m) emblem, symbol

**emocionante** exciting

**empanada,** (f) pasty

**empotrado** built in

**emprendedor** entrepreneurial

**en busca de** in search of

**en gran medida** to a great extent

**en gran parte** to a large extent

**en manos de particulares** in private hands

**en realidad** truly, in reality

**en un principio** at the beginning

**en vías de** in the process of

**enamorado de** in love with

**encantado** enchanted

**encanto,** (m) charm, enchantment

**encierra (encerrar)** holds

**enclavada entre** bordered by

**encrucijada,** (f) cross roads

**enemistad,** (f) hatred, dislike

**enriquecieron (enriquecer)** enriched

**enseñanza,** (f) teaching

**entorno,** (m) surroundings

**entrada,** (f) inlet

**entrar en batalla** to go into battle

**entregar** to return

**entregarse a** to devote oneself to

**envuelta (envolver)** involved

**envuelto en un velo de misterio y leyenda** shrouded in mystery and legend

**época de caballerías,** (f) era of chivalry

**equipo,** (m) team

**equitación,** (f) horsemanship

**era interpretada** (the music) was played

**erigida (erigir)** erected

**ermitaño,** (m) hermit

**erosionado** worn out

**es capaz** is capable

**es fuente** is the source of

**escalera,** (f) staircase

**escarpada falda,** (f) craggy slope

**escasa** scarce, limited

**escasamente** thinly, sparsely

**escoria,** (f) slag, dross heap

**escondida** hidden

**escudero,** (m) squire

**escudo de armas,** (m) coat of arms

**esfuerzo científico,** (m) scientific effort

**especie,** (f) variety

**espejo,** (m) mirror

**esplendor,** (m) splendour, grandeur

**espoleó (espolear)** to stir up on

**espuma,** (f) foam

**esquiador,** (m) skier

**esquina,** (f) corner

**estación invernal,** (f) winter season

**estación rastreadora de satélites,** (f) satellite tracking station

**estadía,** (f ) stay

**estaño,** (m) tin

**estanque,** (m) pond

**estatura,** (f) height

**estirarse** stretch

**estrecha** narrow

**estrechamente ligado** closely linked

**estrecho** narrow

**estruendo ensordecedor,** (m) deafening noise

**estuario,** (m) estuary, delta

**evitar** avoid

**evolucionó, (evolucionar)** evolved

**extenso** vast

**fachada,** (f) façade

**falta de lluvia,** (f) lack of rain

**fanaticada,** (f) fan club

**feira (a la)** Fair style (Galician)

**fenicio** Phoenician

**fenómeno de la naturaleza,** (m) a unique human being

**fiera** fierce

**floreciente** flourishing

**flujo,** (m) flow

**fluvial** pertaining to rivers

**fomentaron (fomentar)** encouraged

**fomentó (fomentar)** promoted

**fondo,** (m) background

**forestal** timber (adj.)

**forjado,** (m) forging (metal)

**fortaleza,** (f) fortress

**fracasaron (fracasar)** failed

**fracaso,** (m) failure

**franja,** (f) strip (of land)

**fuente,** (f) fountain

**fuerza de choque,** (f) spearhead

**fútil** trivial, pointless

**gaditana** from Cadiz
**gaita,** (f) wind pipe
**gallega** Galician
**gallega (a la)** Galician style
**ganadería,** (f) cattle breeding
**garbanzos,** (m) chickpeas
**gasolinera,** (f) petrol station
**gaviota,** (f) seagull
**gente,** (f) people
**genuinamente mexicano**
 genuinely Mexican
**gitano,** (m) gypsy
**gobernante,** (m) governor
**gozan (gozar)** to enjoy
**granito,** (m) granite
**grano,** (m) bean
**grelo,** (m) parsnip/turnip tops
**guacamayo,** (m) macaw
**guantanamera,** (f) (Goajiro
 indian) from Guantanamo
**guaraní** Guarani (indian)
**guarda (guardar)** harbours, keeps
**guardería infantil,** (f) child care
**guatemalteco,** (m) Guatemalan
**guerrero,** (m) warrior
**gusto establecido,** (m)
 conventional taste

**ha experimentado** has experienced
**ha llegado (llegar) a ser** has
 become
**ha ocasionado (ocasionar)** has
 caused
**habanera,** (f) Cuban dance
**habían jugado (jugar) un papel**
 had played a role
**hace (hacer) parte de** is part of
**hace un buen tiempo** it's been
 long enough
**hacer batalla** to battle
**hallazgo,** (m) finding
**hambre,** (f) hunger
**han mantenido (mantener)** have
 kept
**haza,** (f) small plot of (arable) land

**hecho,** (m) event
**herencia,** (f) inheritance
**herradura,** (f) horseshoe
**herramienta,** (f) tool
**herreriana** herrerian (after
 Herrera, a Spanish architect)
**hierro,** (m) iron
**hilo,** (m) fibre, cotton
**holandés** Dutch
**hondureña,** (f) Honduran
**hospedarse** to lodge, to stay
**hospedería,** (f) hostel, inn
**huella,** (f) trace, imprint
**huía (huir)** was fleeing
**hulla,** (f) coal
**humo,** (m) smoke

**idioma,** (m) language
**iluminación pública,** (f) street
 lighting
**implemento,** (m) tool
**imprenta,** (f) printing press
**impuesto,** (m) tax
**impulsar** to propel
**incendio,** (m) a fire
**incensario** incense burner
**incluso** including
**indeleble** indelible
**industria conservera,** (f) canning
 industry
**industria ferroviaria,** (f) railroad
 industry
**ingeniada** made up, contrived
**ingeniaron (ingeniar)** contrived
**ingenio,** (m) sugar cane mill
**ingenuidad,** (f) naivety
**ingresó (ingresar)** to enrol
**inhóspito** inhospitable
**instrumento de cuerda,** (m)
 stringed instrument
**instrumentos de viento y
 percusión** wind and percussion
 instruments
**intento,** (m) attempt
**interpretación pública,** (f) public
 showing, performance
**interpuesta (interponer)** interposed

**intrincado** intricate
**inundación,** (f) flood
**islandés,** (m) Icelander
**islote,** (m) rocky island
**istmo,** (m) isthmus
**izquierdo** left

**jaca,** (f) small horse
**jarra,** (f) jug
**jinete,** (m) horse rider
**jóvenes,** (m) young people
**juego,** (m) gambling
**jugar un papel** to play a role
**junto con** together with
**juventud,** (f) youth

**la vida le fue muy ardua,** (f) life
  was very hard for him
**laborioso** hard working
**lacón,** (m) shoulder of pork
**ladera,** (f) hillside
**langosta,** (f) lobster
**langostino,** (m) king prawn
**lanza (lanzar)** throws
**lanzó (lanzar)** launched
**lapón,** (m) Laplander
**lastimosamente** alas, sadly
**late (latir)** beats
**le dieron (dar) vida** brought it to life
**le obsequió (obsequiar)** gave him
**lección de historia,** (f) history
  lesson
**lecho,** (m) river bed
**lenguado,** (m) sole
**lenta** slow
**lentamente** slowly
**lente,** (m) lens
**letra,** (f) lyrics
**líder,** (m) leader
**lienzo,** (m) canvass
**limítrofe** border (adj.)
**litoral,** (m) shoreline
**llano,** (m) plains
**llanura,** (f) plains
**llegada,** (f) arrival
**lleva dos siglos cultivándose** has
  been grown for two centuries

**lo demás** everything else
**lo difícil** the difficult thing to do
**lo sitúa (situar)** places it
**lo único** the only thing
**lograron (lograr)** managed
**longitud,** (f) length
**los mismos mexicanos,** (m) the
  Mexicans themselves
**lubina,** (f) sea bass
**lucha,** (f) struggle
**luego** later
**lupa,** (f) magnifying glass

**macizo,** (m) massif
**madera,** (f) wood, timber
**mala artes,** (f) trickery, deceit
**maltrecho** battered, injured
**mandé (mandar)** sent
**mandíbula,** (f) jaw
**mandó (mandar)** ordered
**manejo del caballo,** (m) horse
  control
**máquina pisapistas,** (f) a snow
  levelling machine
**máquina,** (f) the machine (the body)
**maquinaria,** (f) machines
**marca,** (f) marking, line
**marcadamente** considerably
**margen,** (f) (river) bank
**marisco,** (m) seafood
**marisma,** (f) marsh
**más me convenzo (convencer)**
  I am more convinced
**más que nada** mostly
**matiz,** (m) nuance
**me matriculé (matricularse)**
  enrolled, registered
**mejillón,** (m) mussel
**mejoramiento,** (m) improvement
**menos en** except for
**mercancías,** (f) goods, merchandise
**meridional** southern
**merluza,** (f) hake
**mero,** (m) grouper
**meseta,** (f) plateau
**mezcla,** (f) mixture
**mezquita,** (f) mosque

**milenio,** (m) millennium
**milonga,** (f) an Argentinian dance, precursor of the tango
**minarete,** (m) minaret
**mitad,** (f) half
**mole,** (m) spicy chocolate sauce
**molienda,** (f) milling (of sugar cane)
**molino de viento,** (m) wind mill
**mono,** (m) monkey
**montaña humeante,** (f) the smoking mountain
**montaña vecina,** (f) neighbouring mountain
**montañoso** mountainous
**monte,** (m) the mountains
**morfología,** (f) morphology, structure
**moro,** (m) moor
**muchedumbre,** (f) crowd
**muerte,** (f) death
**muestra,** (f) example
**muralla,** (f) (city) wall
**muro,** (m) wall
**musulmán,** (m) Muslim
**muy accidentada** very rugged

**nacido** born
**naciente** emerging
**nacimiento,** (m) birth
**nació (nacer)** to be born
**nada menos que** not less than
**nave,** (f) nave
**navegante,** (m) sailor
**negruzca** blackish
**nicaragüense** Nicaraguan
**niebla,** (f) fog
**nieve perpetua,** (f) permanent snow
**nítida** clear
**no es necesario que se ponga así** there is no need for that
**no hace falta** it is not necessary
**no huyáis (huir)** don't flee, don't run away
**no obstante** nevertheless
**no sólo** not only
**norteño** from the north

**novela de caballería,** (f) a chivalresque novel
**nube,** (f) cloud

**obispado,** (m) bishopric
**obreros,** (m) workers
**ocupa (ocupar)** employs
**ojalá** let's hope…
**ojival** ogival
**ombligo,** (m) navel
**óptimo** best
**oración,** (f) prayer
**osado** daring
**oso hormiguero,** (m) ant eater
**ostra,** (f) oyster
**otorga (otorgar)** confers

**pagar por adelantado** to pay in advance
**paiño,** (m) petrel
**paisaje,** (m) landscape
**pájaro carpintero,** (m) woodpecker
**palabra,** (f) word
**palatina** palatial, palatine
**palma,** (f) palm tree
**pan,** (m) pastry
**pantalla,** (f) screen
**para colmo de las desgracias** to cap it all
**para ese entonces** by then
**parador,** (m) state-owned hotel
**parrilla,** (f) gridiron, grill
**pasar de moda** to go out of fashion
**pase,** (m) ski pass (document)
**pasear** to go sight seeing
**Patrimonio Cultural de la Humanidad,** (m) World Cultural Heritage Site
**patrocinada** sponsored
**patrón,** (m) pattern
**peaje,** (m) toll
**pelo oscuro,** (m) dark hair
**pelota de mano,** (f) handball
**pendiente,** (f) slope
**percebe,** (m) barnacle
**pérdida,** (f) loss
**peregrinación,** (f) pilgrimage

**pergamino,** (m) parchment

**permanecer sentado** to remain seated

**permaneció (permanecer)** remained

**pertenece (pertenecer)** belongs

**pesca,** (f) fishing, fish

**pesquera** fishing (region)

**pico,** (m) peak, height

**piedra preciosa,** (f) precious stone, jewel

**pimiento,** (m) peppers

**pincelada,** (f) brush stroke

**pinkillo,** (m) South American whistle flute

**pintoresca** picturesque, colourful

**pinzón,** (m) finch

**pista,** (f) piste, ski slope, runway

**pizca de sal,** (f) a pinch of salt

**plancha (a la)** grilled

**plasmar** to forge

**plateresca** plateresque

**plaza,** (f) place

**plenamente** fully

**pleno esfuerzo,** (m) maximum effort

**plomo,** (m) lead

**pluviosidad,** (f) rainfall

**poblado** populated

**poder,** (m) power, possession

**polea,** (f) pulley

**política,** (f) politics

**político,** (m) politician

**pólvora,** (f) gunpowder

**por consiguiente** consequently

**por lo menos** at least

**por supuesto** obviously, of course

**por temor** for fear

**por una extraña coincidencia** by a strange coincidence

**potro cerril,** (m) bronco, wild horse

**preceden (preceder)** precede

**precipitación,** (f) rainfall, precipitation

**predominantemente** predominantly

**presagiado (presagiar)** foretold

**presidida (presidir)** presided

**presta (prestar) atención** pays attention

**Primado** Primate, Cardinal

**productor mundial,** (m) world producer

**profundidad media,** (f) an average depth

**promedio,** (m) average

**promontorio,** (m) promontory, hill

**proporción,** (f) ratio

**propósito,** (m) purpose

**proveniente** coming from

**proviene (provenir)** originates

**pueblo,** (m) civilisation

**pulpo,** (m) octopus

**pulsaciones,** (f) beats

**punto cardinal,** (m) cardinal point

**punto de descanso,** (m) resting point

**puso fin (poner)** put an end to

**queda (quedar)** is located

**quedan (quedar)** remain

**quemado (quemar) vivo** burnt alive

**quena,** (f) South American notched flute

**quincena,** (f) fortnight

**quítate de ahí** out of the way

**rabo,** (m) tail

**radicarse** to establish oneself

**raíz,** (f) root, stem

**ramo de flores,** (m) bouquet

**raqueta,** (f) racquet

**rasgos,** (m) characteristics

**rayo láser,** (m) laser ray

**razón de ser,** (f) raison d'être

**rebote,** (m) bounce

**recibirlo** to greet him

**recinto,** (m) place

**recoger** to pick up

**reconquistada (reconquistar)** recaptured

**recuperar su dignidad** regain their dignity

**recursos petrolíferos, (**m) oil resources

**recursos,** (m) resources

**red,** (f) network

**reducido (reducir) a escombros** razed to the ground

**refugiado,** (m) refugee

**refulgiendo (refulgir)** shining

**regada (regar)** irrigated

**regadío,** (m) irrigation

**rehén,** (m) hostage

**reinado,** (m) reign

**reliquia,** (f) relic

**relleno,** (m) filling

**reloj,** (m) watch, clock

**remonte,** (m) lift

**Renacimiento,** (m) the Renaissance

**renombre (de más),** (m) best known

**renta nacional,** (f) national income

**reo,** (m) prisoner

**repartido** scattered

**repollo,** (m) cabbage

**repostería,** (f) confectionery

**restos,** (m) remains

**resulta (resultar) que** it emerges that

**reto,** (m) challenge

**retrasos,** (m) delays

**retumba (retumbar)** reverberates, echoes

**reúne (reunir)** brings together

**revés,** (m) defeat

**rezar** to pray

**ría,** (f) estuary

**ribera,** (f) (river) bank

**riguroso** hard, severe

**riña,** (f) fight

**rincón,** (m) corner

**rioplatense** from the Buenos Aires region

**rodaballo,** (m) turbot

**rodeada** surrounded

**romería,** (f) pilgrimage, journey

**rugido,** (m) roar

**rupestre** rupestrian, rock (adj.)

**ruta alterna,** (f) alternate route

**sábalo,** (m) shad

**sabor,** (m) flavour

**saborear** to relish, to appreciate

**sacerdote,** (m) priest

**sacristía,** (f) sacristy

**sala de fiesta,** (f) party room

**salpicada** sprinkled

**salto,** (m) waterfall

**saque,** (m) serve

**sardo,** (m) Sardinian

**se abastecían (abastecerse)** were supplied

**se adoba (adobar)** is seasoned

**se ahogaron (ahogarse)** drowned

**se asemeja (asemejarse)** looks like

**se caía (caerse)** fell

**se conjugan (conjugarse)** blended together

**se convirtió (convertirse)** became

**se cuentan (contarse)** include

**se dejó guiar (dejarse)** allowed himself to be guided

**se deleita con (deleitarse)** enjoys, delights in

**se derrite (derretirse)** melts

**se desborda (desbordarse)** drops, overfalls

**se desgajan (desgajarse)** fall

**se destacan (destacarse)** stand out

**se dieron cuenta (darse)** realised

**se dirigieron (dirigirse)** went to

**se diversifique (diversificarse)** diversify

**se dividen (dividirse) en tres ramas** split into three branches

**se elevan (elevarse)** raise

**se encomendó (encomendarse)** put his trust in

**se encuentra (encontrarse)** is found

**se enorgullecen (enorgullecerse)** are proud

**se estableció (establecerse)** established itself

**se estancan (estancarse)** stop (to flow)

**se extendió (extenderse)** expanded

**se extienden (extenderse) hasta** they reach as far as
**se formó (formarse)** was formed
**se ganó (ganarse)** earned
**se hallan (hallar)** are found
**se han asentado (asentarse)** have established themselves
**se impuso (imponerse)** got established
**se inauguró (inaugurarse)** opened
**se iniciaron (iniciar) gestiones** negotiations started
**se intercalan (intercalar)** alternate
**se les llama (llamar)** are called
**se levanta (levantarse)** rises
**se marchó (marcharse)** went, left for
**se nota (notar)** can be seen
**se presta (prestarse)** lend yourself
**se puede uno olvidar** one can forget
**se pueden ver (poder ver)** can be seen
**se refugió (refugiarse)** sought refuge
**se remontan (remontarse)** date from
**se reservaron el derecho (reservarse)** reserved the right
**se retan (retar) los unos a los otros** challenge each other
**se rindió (rendirse)** surrendered
**se rocía (rociar)** sprinkled
**se tarda (tardar)** takes (time)
**se usaban (usar)** were used
**se vengó (vengarse)** took revenge
**se volvió pedazos (volver)** broke into pieces
**seca** dry
**seguidores,** (m) followers
**seguirle (seguir) los pasos** to follow in his footsteps
**seguro,** (m) insurance
**selva tropical,** (f) rain forest
**selva virgen,** (f) thick (wild) jungle
**sembrada (sembrar)** planted
**semejan (semejar)** resemble
**señal divina,** (f) heavenly sign
**septentrional** northern

**sepulcro,** (m) tomb, sepulchre
**sequedad,** (f) dryness
**ser ordenado sacerdote** to be ordained priest
**serranía,** (f) mountain range
**servir de intérprete** to serve as an interpreter
**siempre que conduzca** whenever you drive
**sierra,** (f) mountain range
**siku,** (m) South American wind instrument
**similitud,** (f) similarity
**sin costo alguno (coste,** Spain) with no charge
**sin igual** unique
**sinagoga,** (f) synagogue
**sismo,** (m) earth tremor
**sistema de montañas,** (m) mountain range
**sitio,** (m) siege
**soleada** sun-bathed
**sometida (someter)** subjected
**sonido,** (m) sound
**sorber el seso a** to turn the mind of
**sótano,** (m) basement
**suavidad,** (f) smoothness
**súbitamente** suddenly
**subyugado (subyugar)** subjected, conquered
**suele (soler) ser** is usually
**suelo natal,** (m) birthplace
**supuesta** alleged
**surco,** (m) furrow
**sureño** from the south
**surgido (surgir)** emerge
**surgió (surgir)** arose
**surtidor,** (m) water jet
**susurro,** (m) rustle
**sutileza,** (f) subtlety

**tablao,** (m) place where flamenco is performed
**tacón,** (m) heel (of shoe)
**taconeo,** (m) tap dance
**tallada** cut (stones)
**tarjeta de crédito,** (f) credit card

**tasa de inflación,** (f) inflation rate
**taza,** (f) cup
**tejido,** (m) fabric, cloth
**temporada,** (f) season period
**temprana** early
**tenaz** tenacious
**terraza,** (f) terrace
**terremoto,** (m) earthquake
**territorio,** (m) land
**Tierra Prometida,** (f) the Promised Land
**tipo de sangre,** (m) blood type
**tonta** silly
**topónimo,** (m) placename
**torrente,** (m) river flow
**torreón,** (m) turrets
**tortilla,** (f) maize pancake
**traductor,** (m) translator
**trajeron (traer)** brought
**transcurso,** (m) passing (of time)
**tras** after, behind
**trazar** to outline
**trazo continuo,** (m) continuous stroke
**tribu,** (f) tribe
**tributo,** (m) tax
**trigo temprano,** (m) early wheat
**trucha,** (f) trout
**tucán,** (m) toucan
**tumba,** (f) tomb, grave
**tumbar el toro** to 'throw' a bull

**un poco más del doble** more than twice
**única** only
**unirse** to join

**varían (variar)** vary
**vatio,** (m) watt
**vega,** (f) fertile plain, meadows
**vegetación selvática,** (f) woodland
**veleta,** (f) weather-vane
**velocidad,** (f) speed
**veloz** fast
**venado,** (m) deer
**vengarse** to take revenge
**venta,** (f) sale
**ventajosa** advantageous
**verdear** to turn green
**verso,** (m) poem, poetry
**vestigio,** (m) vestige, remnants
**viajero,** (m) traveller
**vía,** (f) road
**vínculo,** (m) link
**viñedo,** (m) vineyard
**vista (a la)** in sight
**vista,** (f) eyes, sight
**vistas,** (f) views
**vistosa** colourful
**vitral,** (m) stained window
**vivienda,** (f) dwelling
**vuestra merced,** (f) your lordship

**yacimiento,** (m) bed, deposit

**zanahoria,** (f) carrot
**zapateado,** (m) tap dance
**zona de reserva,** (f) natural reserve
**zorzal,** (m) thrush